AF218020

Liderazgo básico

#unmundomejoresposible

MARÍA JOSÉ SÁNCHEZ YAGO

PRÓLOGO DE JUAN MARÍA NIN

KOLIMA
BOOKS

Título original: *Liderazgo básico*

Primera edición: mayo 2025
© 2025 Editorial Kolima, Madrid
www.editorialkolima.com

Autora: María José Sánchez Yago
Ilustraciones: María José Díez Sanz
Colaboración especial: J. L. Vázquez
Dirección editorial: Marta Prieto Asirón
Diseño de cubierta: Magdalena Siedlecki & Luis Von Kobbe
Fotografía de portada: ©imstock - stock.abobe.com (generado con IA)
Maquetación: David Visea y Carolina Hernández A.

ISBN: 978-84-10209-67-1
Depósito legal: M-11287-2025
Impreso en España

No se permite la reproducción total o parcial de esta obra, ni su incorpora-
ción a un sistema informático, ni su transmisión en cualquier forma o por
cualquier medio, sea este electrónico, mecánico, por fotocopia, por graba-
ción u otros métodos, el alquiler o cualquier otra forma de cesión de la obra
sin la autorización previa y por escrito de los titulares de propiedad intelec-
tual.cualquier forma de reproducción, distribución, comunicación pública o
transformación de esta obra solo puede ser realizada con la autorización de
sus titulares, salvo excepción prevista por la ley. Diríjase a CEDRO (Centro
Español de Derechos Reprográficos) si necesita fotocopiar o escanear algún
fragmento de esta obra (www.conlicencia.com; 91 702 19 70 / 93 272 04 45).

Sí, sí. Un mundo mejor es posible.

*Después de 20 años de oficio asesorando a directivos,
me atrevo a sugerir que liderar va de eso.*

Índice

Prólogo

He conocido a María José por razones profesionales, pero también he tenido el privilegio de desarrollar una relación más amplia que ha crecido desde el desempeño excelente de sus responsabilidades de trabajo a una sintonía de pensamiento, valores e, inevitablemente, simpatía personal. Su nivel de autoexigencia en todos los ámbitos de crecimiento personal, y con ello profesional, me ha gustado; muy especialmente su compromiso consigo misma y la sociedad al escribir libros como este que tengo el honor de compartir con otros lectores.

María José nos habla de liderazgo, y lo vincula a su visión de energías descendentes y ascendentes, lo que es una manera muy gráfica o intuitiva de aproximarnos a la corriente de pensamiento clásica según la cual hay una realidad objetiva que no depende de la voluntad, el momento y la conveniencia de la persona que la construye, sino que existe por sí misma: egoísmo, ira, avaricia en su descenso; paz, amor, belleza, disfrute y sabiduría en lo ascendente.

En estos tiempos de cambio revolucionario, en el vértigo de una evolución aceleradora, es más necesario que nunca compartir la visión de una realidad objetiva que pueda ser compartida sobre la verdad, la justicia, la belleza, el esfuerzo, la bondad... Estos valores asegurarán que en el gobierno de nuestras vidas no prospere la corriente de pensamiento contraria, que tanto horror, crímenes y desgracias ha traído al ser humano: la de la mentira, el engaño, la fealdad, el sumo relativismo de los valores éticos en función de intereses personales, del corto plazo, del poder que todo lo justifica. De esta manera, desembarcamos en el nudo gordiano de este libro de María José. El poder, ¡por supuesto!, para transformar nuestra vida individual y social como ciudadanos, empleados, directivos, empresarios, funcionarios, políticos, artistas, etc., pero con valores. Y esta es la clave del arco de bóveda del ejercicio de este poder, en la empresa o en el gobierno de la cosa pública: con liderazgo y no mediante los que podemos llamar 'negativos', esa fuerza siempre efectiva a corto plazo... que no es perfecta, no es sostenible. La 'prueba del 9' aplicada al liderazgo da 10 cuando este provoca el amor y el reconocimiento intelectual de aquellos con los que se ejerce y comparte.

Por ahí me parece que nos lleva María José, que a buen seguro aplica a su buen hacer el imperativo categórico de Kant, que algo tiene que ver con todo esto.

Juan María Nin
Presidente del Círculo de Empresarios

Invitación

El hombre masa, sin vocación para una vida de auténtica creatividad y responsabilidad, oscila entre un realismo raso que le impide soñar con mejoras y un idealismo utópico que le lleva a desear lo imposible sin esfuerzo.

ORTEGA Y GASSET

Gracias, querido lector, por invertir tu tiempo en este libro. Soy consciente de lo valioso de este recurso, así como de las múltiples alternativas que probablemente tienes. Mi intención es honrar tu elección y contribuir a que te merezca la pena.

Este libro es una vuelta a los básicos. No pretendo sentar cátedra en términos de liderazgo –¡nada más lejos de mi intención!– sino mostrar la esencia de lo que he visto que funciona de manera consistente en contextos muy diversos. Como un alto directivo del sector financiero lo describió hace poco: «Liderazgo de personas normales para personas normales». Un liderazgo práctico que huye de modelos teóricos artificiales y que en el mundo que viene se torna, desde mi punto de vista, más necesario que nunca.

¿A quiénes va dirigido? A cualquier persona que quiera estar más preparada para vivir de una manera más estable, equilibrada y plena en medio de este mundo. De alguna manera, todos somos directivos –líderes– de nuestra propia vida. Después de los primeros capítulos de exposición, me he centrado en ofrecerte herramientas prácticas para que puedas aterrizar alguno de estos básicos en tu día a día.

¡Que lo disfrutes!

Cosas que pueden pasar

No hay que entenderlo todo.

Anónimo

E sta fue una gran revelación que tuve hace más de un lustro, ¡no hay que entenderlo todo! Cuando me lo dije a mí misma, cuando lo digerí, sentí liberación. Dicho esto, sí que conviene de vez en cuando alzar la mirada y vislumbrar el horizonte que está por venir, ese mundo presente-futuro: ¿Qué va a ocurrir? ¿Qué está ocurriendo ya? ¿Qué cosas pueden pasar en el mundo que viene?

Voy a dar algunos unos trazos, desde la humildad y como observadora, de lo que considero que son algunos de los grandes cambios que pueden significar un antes y un después en la sociedad tal y como la conocemos. Antes quiero subrayar que el progreso tecnológico ha marcado y marca el ritmo de dichos cambios: ejemplos como la Revolución agrícola del Neolítico –con el paso de la caza y recolección a la agricultura– o la Revolución industrial de los siglos XVIII y XIX muestran cómo la aplicación de nuevos conceptos y el enriquecimiento de nuestro conocimiento tienen un impacto abrupto en la humanidad. ¿Qué ocurre ahora? Que el tiempo se ha acelerado: los periodos antes se medían en milenios, luego en siglos, y ahora vemos evoluciones radicales en nuestra forma de vivir que hacen que, en una generación, o incluso en una década, cambien los paradigmas en las relaciones sociales y en nuestra forma de ver el mundo. ¡Es increíble!

El progreso científico en los últimos 120 años ha sido abrumador. A pesar de la creencia de algunos, como lord Kelvin, que en 1900 afirmaba que «ya no queda nada nuevo que descubrir en física», ¡hay que tener mucho cuidado con afirmaciones tan rotundas! La explicación que dio Einstein al efecto fotoeléctrico en 1905 –y que le valió el premio Nobel– marcó el arranque de lo que conocemos como mecánica cuántica y posibilitó la invención de los semiconductores, los transistores, los chips y la revolución de la información que hemos vivido en el final del siglo anterior, y sobre todo en lo que llevamos de siglo XXI. Esta revolución científica, y luego tecnológica, marca un antes y un después, pues la tecnología ha permitido su propia realimentación positiva, posibilitando, gracias a la globalización del conocimiento y de las redes de colaboración científica, una velocidad en la generación de nuevo conocimiento de órdenes de magnitud muy superior a la de hace 50 años. ¿Quieres un indicador curioso?

En la década de 2010 a 2020 se ha multiplicado por más de 30 –¡nada más ni nada menos!– el volumen de información creado, capturado y consumido por la sociedad, pasando de 2 zettabytes en 2010 a 64 zettabytes en 2020; y se prevé que la cifra alcance 147 zettabytes en 2024.

Esta aceleración del progreso tecnológico acerca cada vez más algunas revoluciones. Comparto una breve radiografía de algunas de ellas que conforman, a mi modo de ver, cosas que pueden pasar en el mundo que viene.

Superlongevidad

La primera viene del avance de la biotecnología y los estudios sobre el envejecimiento, su ralentización e incluso su posible reversión. Sí, sí, has leído bien, reversión. Es decir, la posibilidad de rejuvenecer está en el horizonte.

Las condiciones higiénico-sanitarias y la mejora en la alimentación han conseguido incrementar de forma notable la esperanza media de vida. Según Naciones Unidas, desde 46,5 años en 1950 hasta 71,7 años en 2022, lo que significa un aumento de más de 25 años en 72 años de evolución médica y económica. ¡Y eso sin que el envejecimiento y sus consecuencias hayan estado en el foco de la investigación! Antes se sospechaba, pero ahora se han encontrado relaciones moleculares entre los efectos del envejecimiento y la aparición de enfermedades como el Alzheimer, el Parkinson, el cáncer o la diabetes. Por tanto, estudiar cómo retrasar el envejecimiento es equivalente a mitigar uno de los factores desencadenantes de estas enfermedades. A este nuevo campo de investigación se le denomina gerociencia. Vamos, que estamos estudiando cómo vivir más años y con más calidad de vida. Ni tan mal.

Se postula que, si siguen mejorando las técnicas para la extensión de la vida, podría darse el caso de que se alcanzase una «velocidad de escape», un momento en que la tecnología incremente nuestra esperanza de vida a un ritmo igual o mayor que el paso del tiempo. Es decir, que la ciencia nos regale otro año más de vida cada año que pase. Para ello es necesario, no que se mejore de forma significativa nuestro entendimiento de los factores que causan el envejecimiento, sino que se desarrollen tecnologías que permitan eliminar o compensar estos factores.

¿Qué consecuencias puede tener para la humanidad el incrementar de forma notable la longevidad? Y yendo más lejos, ¿qué pasaría con la sociedad como la conocemos si se desarrollase una tecnología que permitiera de forma efectiva rejuvenecer?

Claramente, y como ha sucedido en nuestra historia, el acceso a esta tecnología estaría al principio solo en manos de los más pudientes, lo que automáticamente aumentaría la ya existente brecha en la esperanza de vida en función del poder adquisitivo. Sería predecible asumir que se darían conflictos sociales: primero en la aceptación de la tecnología de reversión, luego en los criterios de acceso a esta y, a medio plazo, en todo lo relativo a las políticas de gestión de la natalidad. Si se mantiene de forma indefinida nuestra posibilidad de procrear, pero se limitan las causas que dan origen a la mortandad, se podría producir una explosión demográfica difícil de controlar. ¿Te haces a la idea?

Otros cambios quizás menos predecibles vendrían relacionados con nuestro ciclo vital y nuestras expectativas. ¿Cómo cambiaría nuestra forma de ver la vida si no tuviéramos una urgencia de vivirla, o si las oportunidades de fallar se multiplicasen tanto como nuestra esperanza de vida? ¿Habría menos aversión al riesgo o, al contrario, precisamente el riesgo sería ahora nuestro principal enemigo, ya que sería la única forma de que se acabase la partida? ¿Cómo sería la relación entre parientes en una situación en la que padres e hijos tuviesen comparativamente la misma edad y una experiencia similar? Miremos el caso de ancianos de más de 90 años conviviendo con hijos de más de 70, y pensemos en cómo sería su relación si ambos pareciesen adultos de 30 años. ¿Cómo evolucionarían las relaciones familiares, sociales y empresariales en general? ¿Te atreves siquiera a pensar en todo esto?

Y, por cierto, la inversión privada en gerociencia se ha disparado. Entre los principales actores se encuentran Calico, de Google, Altos Labs, y Hevolution en Arabia Saudí. Las cifras son mareantes. Por ejemplo, se estima que el efecto en la sociedad del incremento en 1 año de la esperanza de vida tendría un valor económico de 38 billones[1] de dólares y de 367 billones si fuera de 10 años en lugar de 1.

Inteligencia Artificial

Ya no se discute si IA sí o no, sino cómo nos va a afectar en la próxima década.

A pesar de que en los últimos tiempos hay un gran foco mediático en las nuevas herramientas de inteligencia artificial generativa –ChatGPT, DALL-E, etc.–, prácticamente desde los inicios de la computación moderna, ¡desde 1957!, se viene investigando en el concepto de redes neuronales, que son la base del aprendizaje automatizado, y posteriormente de los LLM *large language models,* en los que están basados la mayor parte de los agentes de IA actuales. Ha sido el progreso de la capacidad de cómputo y, en particular, el uso intensivo de GPU (unidades de procesamiento gráfico),

---

1   Aquí y en adelante se usan billones europeos, es decir, millones de millones.

que originalmente se pensaron para gráficos en 3D y video-juegos, cuando en lugar de trabajar con decenas o centenares de neuronas hemos conseguido crear modelos de millones de millones, es decir ¡¡¡billones de parámetros!!! y alimentar-los con toda la información disponible en Internet.

Se ha pasado de mostrarle a una red de varias decenas de neuronas imágenes sencillas para que reconocieran una letra a usar una cantidad de información y recursos impensable hace solo cinco años para que un modelo nos conteste preguntas en lenguaje natural o nos escriba una pequeña historia que podría pasar por humana. El camino recorrido ha sido ciertamente espectacular.

Algunos autores como Penrose y Hofstadter argumentan que, por muy potente que sea una calculadora, no dejará de ser eso: una herramienta. Y aunque sea capaz de realizar tareas que antes solo podía hacer un ser humano, no se trata más que de una nueva herramienta, más avanzada. Un modelo muy potente no puede, según ellos, reemplazar al sentido común y la creatividad del ser humano, y será solo una forma de automatizar tareas cada vez más complejas. La inteligencia artificial no podrá, en su opinión, ser más inteligente que aquellos que la crean y, al menos durante bastante tiempo, estará restringida al desarrollo de tareas muy concretas. No creen en la factibilidad técnica de que la AGI, o Inteligencia Artificial General, desarrolle lo que llaman una consciencia propia.

En el otro extremo de la balanza tenemos aquellos que creen que la capacidad tecnológica no termina nunca de sorprendernos, y que igual que se ha sacado de la chistera el conejo de la capacidad de comprensión y escritura casi humanas, mañana esta misma tecnología aprenderá a mejorarse a sí misma para, gradualmente, ir evolucionándose y escapar completamente de nuestra comprensión, formando parte de un proceso que se ha venido a llamar «singularidad tecnológica». Da vértigo, ¿verdad?

El primero en usar este concepto fue John Von Neumann, uno de los genios matemáticos y físicos de nuestro tiempo y precursor de la «arquitectura Von Neumann», que describe formalmente los ordenadores tal y como los conocemos hoy. ¡El mismo modelo que estudié en la Escuela de Teleco a principios de los 90! Von Neumann imaginaba una máquina, la «máquina de Von Neumann», que podía replicarse a sí misma en un ciclo exponencial para incrementar la eficiencia de un proceso. Esta misma idea, pero sobre la base de la automejora, la usa Ray Kurzweil para predecir en 2011 que este fenómeno ocurriría alrededor de 2045. Otros autores hablan de 2030. Vamos, pasado mañana.

En cualquier caso, se produce una «alienación» del concepto de inteligencia: la posibilidad de que algo no humano desarrolle su capacidad de razonamiento abstracto y sea capaz de resolver problemas técnicos a un nivel mucho más eficiente. Algo similar al salto cualitativo entre la inteligencia de una hormiga y una persona.

Surgen muchas preguntas. ¿Es una red neuronal suficientemente avanzada capaz de «comprender» algo, o simplemente es un algoritmo tan complejo que no lo entendemos pero que, en su enormidad, es capaz de interpolar palabras para confeccionar una respuesta que se nos antoja inteligente? Hace años, en un curso de verano de El Escorial, recién terminada la universidad, atendí con mi marido, compañero de pupitre en Teleco, a un curso de Sistemas Emergentes, que básicamente trataba de explicar cómo, a partir de unas sencillas reglas, muchos elementos −neuronas, hormigas…− eran capaces de dar lugar a comportamientos que eran difícilmente predecibles a partir de las reglas básicas, con una variedad impresionante. La pregunta básica que se hacían, y que actualmente está sobre el tapete, es: ¿somos neuronas, tantas y tan complejas, que han dado lugar a una consciencia que nos hace sentir distintos de los ordenadores? O bien, ¿hay algo más que nos hace realmente diferentes? ¿Cuál es la esencia que nos distingue como humanos? Al final del libro compartiré cuál es mi postura. ¡Al menos por ahora!

Exploremos por un momento las grandes dudas en caso de que realmente aparezca una inteligencia sobrehumana, una AGI incomprensible para nosotros. ¿Sería benévola? ¿Seríamos capaces de entender y respetar sus decisiones? ¿Es ingenuo pensar en nuestra capacidad para controlar ese tipo de poder, una vez empiece a caminar entre nosotros? ¿Qué papel jugaría el ser humano en ese mundo?

Sean cuales sean las respuestas, lo que está claro es que la IA es aplicable y está siendo aplicada a la investigación y la generación de nuevo conocimiento y, por ende, acelerando la revolución tecnológica. Desde la ya «vieja» AlphaFold que en 2018 consiguió predecir con éxito la estructura de proteínas, a la utilización de nuevos modelos en la actualidad para elaborar y testar hipótesis, o para sugerir nuevos métodos para avanzar en computación cuántica o fisión nuclear (sobre esta te hablaré un poco más adelante). Estos avances científicos y tecnológicos acelerarán, sin duda, algunas de estas revoluciones que somos capaces de atisbar, como la superlongevidad o la energía limpia e ilimitada, y probablemente nos ayuden también a esquivar el cambio climático y otras amenazas para la humanidad. Y seguro que llegarán otros cambios que, por su velocidad, no seamos capaces de prevenir o, incluso, de entender en absoluto. Puede que por el camino seamos capaces de enchufar nuestros cerebros a esta inteligencia y ser capaces, desde nuestra mente, de acceder a toda esta capacidad de procesamiento y a toda esta información y estar hiperconectados en una superinteligencia y ser uno entre nosotros y con ella... ¿Qué te parece el panorama?

Democratización del daño

La capacidad de hacer mucho daño se ha democratizado, está al alcance de mucha gente, bien sea por el papel de la tecnología en las guerras –Israel, Ucrania y las que vengan–, bien por la posibilidad de un ciberataque mundial o las amenazas biológicas con las que convivimos.

Desde mi punto de vista, nunca antes había sido tan fácil para unos pocos acceder a lo necesario para causar catástrofes de impacto global. El poder de la tecnología multiplica las posibilidades de acceso a los recursos, con el consecuente aumento del riesgo. El uso irresponsable de ese poder se traduce en amenazas como el terrorismo, en su versión clásica, o en las variantes de ciberterrorismo o bioterrorismo. Por otro lado, es obvio que vivimos en una sociedad hiperconectada, tanto a nivel de sistemas de comunicaciones como en el aspecto físico. La extensión irremediable del COVID-19 a todo el planeta nos mostró hace bien poco nuestra fragilidad como sociedad ante esta hiperconexión, y nos dio una dosis de humildad que nos empuja a pensar en los mecanismos necesarios para combatir todas estas amenazas. Voy a sobrevolar dos de ellas.

La primera, el cibercrimen. El uso de tecnologías de información para la comisión de delitos ha pasado de ser una anécdota a representar una de las mayores amenazas tanto para las personas como especialmente para Gobiernos y empresas. En un mundo en el que la información sienta las bases de las decisiones y los negocios, el secuestro de sistemas (*Ransomware crime*), la denegación de servicio (ataques DDoS) o el robo de información suponen graves problemas llegados con la hiperconectividad que hemos construido en los últimos 30 años.

Veamos los números, ¡de vértigo! Se estima que en 2024 el impacto global del cibercrimen será de 9,5 billones de dólares, más de 6 veces el tamaño de la economía de España y solo por detrás del PIB de EE UU y China, creciendo a un ratio aproximado de un 12 % anual. ¡Ratio de crecimiento disparado! A las pérdidas económicas directas hay que añadir otras como los costes de recuperación, interrupciones operativas, costes legales, inversiones en ciberseguridad, impacto en los mercados, etc., por no hablar de la pérdida de confianza en la infraestructura digital, con el consecuente efecto negativo en la estabilidad y crecimiento económico a largo plazo. Lo que pudo ser visto como un juego, el acceso al mundo digital ajeno, ha dejado de serlo.

Y la segunda amenaza en la que me voy a parar no es otra que la desinformación. Casi seguro que habrás tenido alguna experiencia con esto, ¿verdad? El uso de los sistemas de comunicaciones, y en concreto de las redes sociales que se apoyan en estas, ha dado lugar a la capacidad de generar desinformación y corrientes de opinión al servicio de individuos, empresas, organismos o países con intenciones espurias. Esto, que se denomina *posverdad*, y que la RAE define como «distorsión deliberada de una realidad, que manipula creencias y emociones con el fin de influir en la opinión pública y en actitudes sociales», está desafortunadamente cada vez más extendido y se utiliza a todos los niveles, incluyendo a los grupos de poder, para alcanzar o perpetuarse en posiciones hasta hace poco inverosímiles. No se trata de culpar a la herramienta, las redes sociales o Internet. Se trata de poner de relieve otra vez que el uso inadecuado de cualquier herramienta poderosa produce grandes daños, en muchas ocasiones irreversibles.

Tener acceso al conocimiento de personas de perfiles, nacionalidades y *expertise* muy diversos en cuestión de segundos es francamente maravilloso. De la misma manera, poder difundir mensajes, o al menos que estén disponibles —casi cualquiera puede subir un vídeo a YouTube— para gran parte de la humanidad, resulta fascinante. Ambas cosas nos vuelven poderosos a la vez que frágiles como comunidad. Como decía el Tío Ben, parafraseando a Damocles y a Churchill: «Un gran poder conlleva una gran responsabilidad».

Energía limpia

¿Y qué más está pasando? No me resisto a comentar una cosa más, de la mano de otra revolución, que puede cambiar de forma radical nuestra forma de sentir el mundo. Me refiero a la revolución de la energía. Desde que hace más de cien años, en 1920, Sir Arthur Eddington fuese capaz de describir el funcionamiento interno de las estrellas a partir de los avances de sus contemporáneos en mecánica cuántica, hemos intentado dominar la energía nuclear. Lo hemos conseguido parcialmente, extendiendo el uso de la fisión nuclear (rotura del átomo) en las centrales que conocemos en la actualidad, y en la que están basadas las únicas bombas nucleares usadas hasta el momento en conflictos armados, en Hiroshima y Nagasaki. La fusión nuclear (unión de núcleos atómicos) permitió el desarrollo de la «Bomba del Zar», la bomba de hidrógeno responsable de la mayor explosión provocada por el ser humano hasta ahora.

Hasta el momento no se ha conseguido –no hemos conseguido como humanidad– domesticar este poder para el uso civil, y llevamos desde 1951 en ese esfuerzo combinado de muchos países, con proyectos colosales como el ITER, que desde 2007 lleva trabajando en el primer reactor de fusión y que estima (ahora) que conseguirá el éxito en 2035 tras una inversión final de entre 18 000 y 65 000 millones de dólares. Mientras tanto, otras tecnologías como el confinamiento inercial con láser están consiguiendo más rápido resultados prometedores, y el uso de inteligencia artificial ha permitido el rediseño de los reactores de fusión en una nueva generación de propuestas de confinamiento magnético que muy probablemente hagan obsoleto el ITER antes de esa fecha objetivo. Parece que la incógnita es el cuándo −con una u otra tecnología−, más que si se va a producir o no. A mi entender, esto es una buena noticia para el planeta. ¿Conclusión? La fusión nuclear puede hacer realidad la promesa de una energía limpia con rendimientos muy superiores a las tecnologías actuales y sin residuos relevantes.

Estamos aún muy lejos, pero ya hemos argumentado que la aparición de la inteligencia artificial está ayudando a la aceleración de la llegada de estas posibilidades. Nuestra sociedad moderna está apoyada en la energía, y el impacto económico y político de un nuevo contexto de producción de energía barata y limpia puede cambiar las relaciones de poder entre las naciones. ¡Agarremos los machos cuando se produzca!

En la era digital, en un mundo movido por una energía cada vez más limpia, donde la superlongevidad está encima de la mesa y la capacidad de hacer daño se ha democratizado más que nunca, la clave no está en lo que viene, sino en lo que va a permanecer.

Siendo importante la reflexión sobre las cosas que pueden venir, la pregunta del millón es otra: ¿qué es lo que NO va a cambiar, que va a permanecer aquí en los próximos 10, 20, 30 años? Las personas, las personas vamos a seguir aquí, ¡o al menos eso espero! De ahí la importancia del liderazgo humanista.

Me atrevo a afirmar que en esa era que nos ha tocado vivir, la relevancia del liderazgo humanista cobra, si cabe, mayor actualidad.

¿Y qué entendemos por liderazgo humanista? De eso va el siguiente capítulo.

Liderazgo humanista

Ser lo que uno es ha pasado a convertirse
en el máximo desafío.

Pablo d'Ors

Para mí, el liderazgo humanista es una apuesta genuina por lo diferencial del ser humano, por lo que le caracteriza como tal, su autenticidad; y desde ahí, explorar cómo su contribución es clave para aprovechar las oportunidades del mundo que nos ha tocado vivir y marcar la diferencia.

Por cierto, ¿y qué no es? No es un sentimentalismo superficial que manipula a través de una emocionalidad efímera, transitoria y cortoplacista. Ser líder humanista es simplemente recuperar lo que nos hace humanos para, desde ahí, mostrarnos más determinados que nunca para tomar decisiones desde otro sitio, ser coherentes en el día a día y contribuir a crear una empresa y, por tanto, una sociedad más civilizada y libre. Por ello, la responsabilidad de cada persona es estratégica: qué se espera de cada uno de nosotros en términos de liderazgo, con nosotros mismos, con los equipos, con terceros, etc. Lo que hagamos o dejemos de hacer, tú, yo y mucha gente más, configurará el mundo en el que vivamos en los próximos años. El desafío es fascinante, ¿no te parece?

Para explicarlo un poco más me voy a detener en un concepto muy simple: el mundo se puede ver como energías ascendentes y descendentes. No pretendo caer en un maniqueísmo reduccionista; soy muy consciente de que los grises existen. A veces la sencillez aporta claridad; esa es la intención al utilizar esta metáfora en los próximos capítulos.

Energías ascendentes

Tus empleados tratarán a tus clientes de la misma manera que tú tratas a tus empleados.

JAMSETJI TATA

¿Qué son las energías ascendentes?

S i lo miramos a nivel planeta, todo lo que ayude a cuidar esta casa en la que vivimos que se llama planeta Tierra. Por ejemplo –y de esto puede que sepas tú mucho más que yo–, beneficiar el medioambiente fomentando el uso de moléculas verdes, bien sea a nivel particular o empresarial, es energía ascendente. ¿Quieres que sea todavía más concreta? Apagar las luces, desenchufar los electrónicos que no se usan, cerrar las puertas en invierno, usar bombillas LED, ducharse en lugar de bañarse, no dejar el grifo de agua abierto mucho tiempo, separar los residuos, evitar plásticos de un solo uso, no comprar exceso de ropa, conducir con suavidad, consumir menos carne, dar preferencia a productos locales, limitar el papel, etc. ¡La lista de oportunidades podría ser casi interminable!

Si observamos a las corporaciones, ¿qué significa energía ascendente? Organizaciones que a través de una legítima actividad empresarial estén genuinamente movidas por un propósito y que busquen, sí o sí, generar un impacto positivo en su entorno. Doy por descontado que tener resultados sostenidos en el tiempo y, a la vez, ser una empresa ascendente es dar un paso más. Es tener un para qué y unos valores definidos, que la propiedad y los órganos máximos de gobierno se los crean y que, más allá de las obligaciones regulatorias pertinentes, se tomen decisiones coherentes con ese para qué y esos valores. Que esta cultura de impacto positivo se vea reflejada en las dinámicas del Consejo de Administración, en las relaciones con los grupos de interés, en el Comité de Dirección, etc. y que estas formas de hacer movilicen e inspiren al resto de la organización.

Sonrío al releer a Peter Casey cuando, en su delicioso libro *The Greatest Company In The World?*, afirma que en Occidente se habla mucho de *servant leadership*, pero que es raro encontrar empresas que realmente estén diseñadas bajo este paradigma de servicio a sus empleados, clientes, socios, accionistas, etc. Él señala que la mayoría de las compañías occidentales están inspiradas en la pregunta de cómo ganar más dinero —no en el impacto positivo, que en el mejor de los casos es un plus adicional—, y que este enfoque subyace debajo de cualquier toma de decisión del *management*. Razón no le falta, ¿verdad? Tata Sons[2], grupo empresarial sobre la que Casey escribe, es el caso opuesto. Si por algo se distingue a este gigante asiático es por su enfoque humanista, con una clara política de servicio a los empleados –pese a su tamaño, se ponen muchos recursos para descubrir, atender y cuidar las necesidades de cada empleado– y a la sociedad. De hecho, el 66 % del capital social está en manos de fideicomisos filantrópicos que apoyan la educación, la salud, la generación de empleo y el arte y la cultura. ¡Difícil de creer! Probablemente no serán perfectos ¡seguro que tienen sus cosas!, pero sí representan un caso real muy palpable de que elegir entre resultados o liderazgo humanista es un falso dilema. En nuestra jerga, Tata es una corporación con energía ascendente.

Si ponemos el foco a nivel equipo, ¿a qué me refiero con equipos ascendentes? Equipos que multipliquen, que generen valor, que creen entornos de abundancia donde las personas colaboren y la cooperación se dé de manera natural, con el consecuente impacto en resultados, en crecimiento de la gente, etc. Equipos donde el «nosotros» sea mucho más que el «tú más yo» y en los que con dinamismo se saque provecho de la diversidad y se tomen mejores decisiones al servicio de ese impacto positivo que busca la organización. Equipos ascendentes son aquellos que, con apertura de miras, se adaptan con agilidad y expriman las oportunidades de un entorno más cambiante que nunca, promoviendo un buen *feedback* orientado a la acción, con el consecuente impacto en el aprendizaje y la mejora continua.

Y por elevarse que no quede. Equipos en los que cuando se falle se presuponga la intención positiva y se arrime el

---

2   Tata Sons representa un 4 % del PIB de la India, con más de medio millón de empleados y ciento cuarenta mil millones de dólares de facturación en el 2023 en más de cien mercados.

hombro con rapidez. Es decir, donde la confianza haya dado lugar a la complicidad, que es un estado mucho más potente.

Equipos con reuniones útiles, en las que, con integridad, se tengan de manera constructiva esas conversaciones «no fáciles» sobre temas relevantes, ¡los famosos elefantes debajo de la mesa! En definitiva, equipos en los que cada uno pueda ser «uno mismo», dar ejemplo y ejercer su rol facilitando la labor del resto, ¡qué gran palabra facilitando, hacer las cosas ¡fáciles! Para mí, liderar al otro tiene mucho que ver con poner las cosas fáciles, ¡luego ya viene la vida con sus rebajas! Si le facilitas la vida al equipo que lideras, ¡verás cómo se traduce en resultados!

En esta línea, la colaboración entre áreas es más necesaria que nunca. Se habla mucho de *data driven companies* y luego resulta que el dato es de «mi departamento» o de «mi división». Facilitar la labor a otras áreas, compartir con generosidad es crear valor juntos. Al asociarse con terceros, tener cintura y buscar puntos de acuerdo son energías ascendentes. La realidad de hoy en día demanda proyectos conjuntos en que las grandes compañías se unan a otras más pequeñas, para diversificar riesgo o beneficiarse de su *expertise* tecnológico. Y estos equipos transversales funcionan con energías ascendentes, basadas en la confianza, flexibilidad y apoyo mutuo.

Y si lo miramos a nivel individual, ¿qué es una persona ascendente? Son personas que se autolideran, que hacen que lo positivo emerja en su día a día. ¡Personas elevadas! Antes hablamos de «ser uno mismo». Una persona elevada es auténtica con su identidad más profunda, esa que lleva grabada en el alma. Una persona que vuelve a lo básico. Me gusta pensar que crecer es rescatar lo esencial. Pues de eso va precisamente, ¡de atrevernos a volver a rescatar lo esencial de cada uno de nosotros! Esas cualidades intrínsecas a cada uno de nosotros.

Paz

Somos paz. No conozco a nadie que haya escrito un libro titulado «10 pasos para incrementar tu ira». Créeme lo he buscado en Google, e incluso le he preguntado al chat GPT. ¡Queremos la paz, nos reconocemos en ella! Cuando estamos tranquilos, estamos mejor. Discernimos con más claridad y tomamos mejores decisiones. La paz está en nosotros, por eso una mente pacífica, una mente tranquila es el principio de todo. Desde esa quietud podemos construir. Si estamos apegados a lo que nos falta, a lo que no fue, a lo que podría haber sido, nuestra mente está como en una caja vacía rebotando constantemente y tomando velocidad. La paz estabiliza, armoniza y serena. Es la fundación.

¿Qué es la paz? La paz es serenidad, es sentirte lleno, completo, pleno, sin necesidad de nada más. Algo parecido a un lago plano de agua transparente sin ondulaciones. Es un estado de equilibrio con nosotros mismos, con los demás, con la naturaleza. La paz es silencio. Fíjate, lo que es una maravilla, nuestra capacidad analítica para profundizar en las causas de los problemas, vislumbrar alternativas y elegir muchas veces deviene en una confusión interna que genera ruido y acaba en parálisis por el sobreanálisis. ¡Como si tuvieras un cinturón del que salen cuerdas y cada una tira de ti hacia un sitio diferente! Y esta situación te roba sutil, o no tan sutilmente, ese estado de tranquilidad en el que no sabes qué hacer. La paz es sencillez. Muchas veces la vida va de pensar menos, de no darle tantas vueltas a las cosas, para estar abierto a lo que con facilidad te llegue.

La paz simplifica. Cuando estamos calmados ponemos foco en lo esencial, en lo que realmente importa, liberándonos de las ataduras del resto. ¿Que quieres que tus reuniones sean más productivas? Asegúrate de que, pase lo que pase, las vives desde esta serenidad. Es más, cuanto más delicado, urgente y crítico sea el tema o la decisión, mayor necesidad habrá de que guardes tu calma. Todavía resuenan en mi mente las palabras de uno de los mejores entrenadores de baloncesto del mundo cuando le hicimos una entrevista para escribir un caso en el IESE. Él decía: «A mí me pagan por estar tranquilo cuando el resto no lo está, ahí está mi valor». O la famosa expresión que se le atribuye a Napoleón: «Vísteme despacio que tengo prisa». ¿Que quieres comunicar con eficacia y credibilidad? Cerciórate de que estás en paz, por muy duro que sea, con lo que vas a decir. Quien te vaya a escuchar –colaboradores, clientes, tu jefe– notará desde dónde salen tus palabras. Me viene a la cabeza el cómo un alto directivo se dejó zarandear por la presión mediática y pinchó en la inauguración de un proyecto internacional de miles de millones de euros. De fondo, él no estaba de acuerdo, en paz, con algunas decisiones de gestión que se habían tomado. En otro orden de cosas, ¿qué quieres ser un buen padre o una buena madre? Ocúpate de que actúas buscando lo mejor para tu prole y no reacciones, pasándote de frenada, a los errores que cometieron contigo. Si albergas algo de resentimiento perderás perspectiva y meterás la pata.

La paz es el estado que posibilita el emerger de una energía creadora que lleva a innovar, a desafiar el *statu quo* o acertar con tu intuición. Es como el silencio que precede a una pieza musical, le da cuerpo, la engrandece. Y otra vez vuelvo a la toma de decisiones, ¡es tan importante para un directivo decidir!, o mejor dicho decidir con un porcentaje aceptable de acierto, sobre todo en los temas relevantes. El año pasado tuve la suerte de estar encerrada tres días en Oxford con líderes empresariales de todo el mundo. En una de las conversaciones, ¡y estamos en la era del dato!, compartieron con cierto pudor cómo, al final, teniendo en cuenta todas las variables, los mayores aciertos que habían tenido habían llegado por hacerse caso a sí mismos, por no acallar esa parte intuitiva. ¿Cómo escuchar con nitidez esa voz? Estando en paz con uno mismo, no dejando que otras voces que se originan en los miedos, los apegos o las frustraciones tomen su lugar. No queriendo controlar la vida, soltar esa sensación de control que tanto nos persigue, y dejar espacio para que te hable.

Un apunte complementario para quienes quieran ver este aspecto desde la ventana de la neurociencia. Últimamente, enfatizo mucho la importancia de la lentitud, mejor dicho, el poder de la lentitud. La lentitud es clave, clave, clave. Por ejemplo, si vas al gimnasio, no se trata solo del número de flexiones que hagas sino de que seas muy consciente de cómo vas moviendo cada parte de tu cuerpo. Si lo haces, ¡los beneficios son mucho mayores! En este caso trabajarás, además de la musculatura de tu cuerpo, la de tu mente. Cuando hables en una reunión, experimenta qué pasa cuando lo haces más despacio. Cuando camines hacia tu lugar de trabajo, baja el ritmo de tus pasos y observa el impacto que esto tiene. Al entrar en casa, haz una pausa antes de traspasar la puerta, ¡estás entrando en el templo de tu hogar! Lee este libro, no con ganas de acabarlo, sino de degustar algunos párrafos. Al ralentizar tus movimientos, actos y pensamientos desactivas tu modo automático y posibilitas nuevas conexiones neuronales. Te liberas de cierta esclavitud de tus viejos patrones, historias o formas de hacer del pasado, al tiempo que te abres a cosas nuevas. Ese es el emerger de nuevas posibilidades que trae la quietud.

La paz es posibilitadora, con ella ¡hay tantas cosas que están a tu alcance! No necesitas buscarla, está dentro de ti. Tu estado original es pacífico, lo que ocurre es que, muchas veces sin darte cuenta, dejas que lo externo te aparte de ella y poco a poco quizá pienses que es un lujo que no te puedes permitir. El desafío está servido: recupérala. Si quieres volver a los básicos, para liderar con coherencia y solidez, recupérala. Esa es mi invitación. Recupera lo que eres –tu identidad más profunda– y luego, como quien no quiere la cosa, todo lo demás irá llegando.

Amor

Somos amor, y me voy a permitir utilizar esta palabra en el contexto corporativo. Si me voy a los clásicos griegos la paz, la quietud, es Parménides y el movimiento es Heráclito. El amor es un catalizador del cambio. El amor inspira. El amor mueve las cosas y a las personas hacia su mejor versión: el amor a lo que hacemos nos empuja a actuar; el amor al compañero a colaborar, a escucharlo; el amor a nuestros hijos nos lleva a hacerles crecer, a contribuir a que sean personas de provecho, felices; el amor a nuestra pareja a buscar su bien, su florecer; el amor a nosotros mismos nos lleva a mantenernos humildes, a apreciar lo andado y a querer seguir mejorando. El amor moviliza.

El amor no es una emocionalidad superflua, eso es otra cosa que no me atrevo a definir, sino un nivel de conciencia elevado. Parafraseando a Fromm, es la ocupación activa por dar vida, crecimiento y expresión a aquello o aquellos a quienes amamos. Es benevolencia, entrega desprendida.

Amar es dar –una sonrisa, tu tiempo, tu interés, tu comprensión, tu experiencia...–, y en ese acto uno no se hace pequeño, sino grande. Dar no es renunciar, sacrificarse, perder; este es un paradigma de escasez, propio de una mentalidad transaccional. El amor se mueve en un marco más elevado, el de la abundancia. Es un crear juntos, disfrutando de eso que emerge. Es crecer donando, renovando y nutriendo: participas de la alegría ajena, aprendes enseñando, encuentras donde no buscas, enriqueces al otro y sales más sabio. El amor no busca recibir, sino dar. Dar genuinamente lo más precioso que tenemos, trocitos de nuestra propia vida.

El amor es cuidado, respeto y compromiso. En su faceta de cuidar, quien ama protege y nutre lo amado: da cuidados físicos, emocionales o de cualquier otra índole; se anticipa a las necesidades, expresadas o no, del otro; establece contextos saludables como punto de partida; cultiva las especialidades de cada uno, esos talentos con los que venimos al mundo; cuida los detalles de un proyecto, de una conversación delicada o al comunicar con el equipo –¡qué diferencia en los resultados cuando las cosas se hacen no como un *checklist*, sino con cariño!–; alimenta el vínculo con los clientes, transformándolos en prescriptores; da credibilidad al propósito de las organizaciones, ya que este deja de ser un eslogan para convertirse en una expresión de cómo realmente se quiere contribuir a la sociedad, a los grupos de interés; trasciende la letra de las normas captando el espíritu con el que se escriben –el *compliance* deja de ser cumplimiento para impulsar la ética y los valores.

El amor también es respeto. Respetar la unicidad de cada individuo, apreciar su valor y su contribución al conjunto. Es como mirar los cinco dedos de una mano, cada uno diferente, cada uno no es la mano, pero en su conjunto forman una realidad más rica. Respetar es mirar una realidad no solo con lo que es, sino con lo que está llamada a ser. Es aceptar la grandeza de la diferencia, las posibilidades de cada ser humano y situación y elevarse para que acontezcan. Es ser consciente de las limitaciones y, lejos de quedarse atrapado en ellas, construir un puente para que evolucionen. El amor tiene el poder de diluir la negatividad, contribuye a expresar lo intrínsecamente bueno. El deseo de competir se desvanece, la cooperación fluye de manera natural. El otro, de alguna manera, eres tú. Lo que le pase a él, te pasa a ti. Celebras el valor del otro.

Amar es asumir voluntariamente un rol en ese camino de contribuir al desarrollo de algo o de alguien conforme a lo que le es propio –de tus hijos, de tus colaboradores, de tus compañeros, de un proyecto, de tu empresa–. Por eso el amor es compromiso con esa realidad mejorada. Amar no es utilizar, no es poseer. Eso es explotar, cosificar. El amor no es dependencia, exigencias o expectativas. Es creer, y que el otro crea en su propio potencial. Amar es servir. Es ser instrumento para el bien del otro, es ponerse de manera desinteresada a disposición de algo o de alguien: para que un negocio cree valor, para que una conversación prospere, para sorprender a un cliente, para educar a una persona, para apoyar a un amigo, etc. Es que te importe lo que pase y asumas un papel activo en ello.

Compromiso y esfuerzo van de la mano. Si algo te importa de verdad, lo trabajas. Te ofrezco algunas preguntas para autotestarte: ¿quieres que ese comité sea útil? ¿Tomas cartas al respecto? ¿Te interesa genuinamente cómo se siente tu compañero? ¿Le preguntas con sinceridad de vez en cuando por sus temas? ¿Dedicas tiempo de calidad a las cuestiones de tu equipo o son un *nice to have* relegado al tiempo extra? ¿Qué haces en primera persona para ser ejemplo de la cultura que queréis promover? ¿Cómo se expresan tus talentos en tu día a día profesional? ¿Te apasiona lo que haces, es vocacional? ¿Creas un ambiente donde se pueda crecer?

¿Cuál es el vínculo entre los objetivos por los que medís el éxito de vuestro trabajo y el propósito que guía a la organización? ¿Cómo os lo recordáis?

¡¡¡Hey!!! Una nota importante, ¡que no se me pase! La paz y el amor se necesitan y realimentan. ¿No es maravilloso? Ni mucho menos son dos cualidades disociadas, yuxtapuestas. Una lleva a la otra. Con la paz se hace silencio y este te permite escuchar lo que realmente amas, lo que te mueve, para que puedas honrarlo. Amar hace las cosas fáciles. Ser fiel a ti mismo es una fuente tremenda de plenitud. Y de cuando en cuando, toca parar para ajustar la frecuencia. Mantener esa sintonía abierta entre ambas permite no moverse a ráfagas, sino con continuidad y ascendencia.

Me gustaría concluir este apartado con algo que ya sabes: el amor a otros comienza con el amor a uno mismo, con ese autocuidado tan olvidado y el autorrespeto a nuestro papel en el mundo. El compromiso con otros se hace harto difícil si uno no se compromete consigo mismo, con su desarrollo, crecimiento y madurez espiritual. Cuando esta llega, tomas el protagonismo de crear vida a tu alrededor, llevas la iniciativa: «No amas porque te aman», sino que «amas y te aman». ¡Te elevas!

Pureza

Somos pureza. Los niños te miran con los ojos como platos, no tienen nada que esconder. ¡Son universales, pertenecen a la humanidad! La pureza es como si lleváramos una camiseta blanca al inicio del día; después de un día intenso quizá esté llena de barro y nos tocará lavarla. Y aun así la camiseta es blanca, el barro es circunstancial. Cuando te descubres diciendo cosas en las que no crees o actuando de manera artificial, no te reconoces. Como Strano remarca: «En medio del caos de la vida actual existe todavía la semilla de nuestra pureza deseando crecer de nuevo»... Aportando sencillez y claridad a todo lo que hacemos: poder ser tú, decir lo que piensas, que no haya dobles agendas, no dejarte gobernar por tu ego, no estallar por tu ira, que no te atrape una avaricia sutil... ¡Mantenerte limpio!

Y eso es la pureza: limpieza de corazón, albergar dentro de ti buenos deseos hacia los demás. Es un estado de honestidad contigo mismo —con ese lado elevado tuyo que define tu identidad profunda y te da la estabilidad—, más allá de cualquier influencia externa, en el que no cabe el autoengaño. Eres tú mismo, estás en paz por dentro y por fuera, en la oficina y en casa, con los amigos y con los compañeros, con los más conocidos y con los menos, en público y en privado. Cuando una mota de impureza se te cuela en el corazón, soplas y la apartas. No te enganchas en los cotilleos, ni en las apariencias, ni en lo políticamente correcto o incorrecto, ni en los lugares comunes. Eres tú, así de simple. Y no estoy hablando del *autenticidio,* que dicen algunos, soltar lo primero que se te pasa por la cabeza —eso es ser una marioneta de los estímulos externos—, sino que es algo más cercano a la actitud de los abuelos que, con su experiencia vital, saben apreciar lo auténtico y no desprecian un ápice de su ser en lo impostado. Esa actitud que mira la vida con travesura y descaro, sabiendo que lo verdaderamente importante no está en juego.

La pureza conlleva no cometer ningún acto de violencia contra los demás, ni contra uno mismo. No hay necesidad. De hecho, muchas veces el primer acto de violencia que experimentamos es contra nosotros mismos, negando nuestra parte elevada. Nos justificamos de mil maneras para no reconocer nuestra naturaleza bondadosa, esa que llevamos grabada en nuestro ser y, a cambio, vivimos vidas artificiales teñidas por la ansiedad, los agobios, las complicaciones, la inestabilidad y lo efímero. Vidas que no responden a nuestra identidad profunda, la que permanece. Además, ¿has caído en la cuenta de que cuando no tienes nada que esconder todo se simplifica? Es como llevar un escudo de protección contra lo externo. Pones una barrera invisible con la que no dejas que te penetre la suciedad, lo mezquino, la negatividad. ¡Te vuelves «insacudible» ante los vaivenes externos, aunque sean insistentes! La pureza trae paz.

El mantenerte limpio por dentro ayuda a tu concentración. Eres libre de pensamientos de desperdicio, de esos que te llevan a territorios donde no puedes hacer nada, al tiempo que tu frustración o tu enfado crecen a pasos agigantados. ¡Vacías tus papeleras mentales! En ocasiones, renunciar a nuestros pensamientos es mucho más difícil que desprenderse de un objeto, los consideramos algo intrínseco a nuestro ser. Si no pones los pensamientos adecuados en tu mente, alimentas las dependencias con tus viejos patrones y te desequilibras. Cuando emerge el estado de pureza te puedes focalizar con facilidad en lo que quieras, tu mente divaga menos. De alguna manera, eres un emperador libre de preocupaciones. ¡O al menos de las mundanas! Ves la realidad y al mismo tiempo no te dejas absorber por ella. Ni mucho menos estoy diciendo que abdicas de solucionar tus problemas; más al contrario, te liberas de la carga extra. Por tanto, te muestras más ligero y resolutivo: das la idea adecuada en el momento oportuno, tomas una decisión con agilidad, ofreces la pregunta relevante que ayuda a pensar. Todo esto requiere de esfuerzo. Igual que haces la cama, quitas el polvo o recoges la cocina todos los días, mantener tu casa interior limpia exige trabajo. La diferencia es que otros no lo pueden hacer por ti, quizá pueden apoyarte o echarte una mano, pero lo gordo te corresponde a ti. Como preguntaba A. de Mello en sus conferencias, «¿te gustaría que alguien masticara la fruta antes de dártela?». Hay tareas indelegables que corresponden a todo hombre y mujer. La bayeta la agarras tú, no hay más. Y siguiendo con la analogía, además de la limpieza general de todos los días, de vez en cuando toca ir a fondo en alguna habitación. ¡Qué a gusto nos sentimos cuando todo está limpio, en orden! Esto nos permite hacer todo lo demás. La pureza es a ti lo que la limpieza a tu casa: un estado posibilitador que te eleva. Cuando estás limpio por dentro esparces una fragancia de equilibrio que incrementa tus posibilidades de éxito en lo que sea.

Ojo con la palabra, que no te despiste. Soy consciente de que a muchos no les resuena, e incluso se puede malinterpretar. Por eso he explicado a qué me refería con pureza. El partido va de mandar, ¡y recibir!, buenos deseos. De ser instrumentos afinados al servicio de la sinfonía de la vida –en tu empresa, con tus equipos, con tu familia, con tus amigos o contigo mismo–. De transformar la negatividad en positividad. De que te brillen los ojos de tal manera que los demás no saben exactamente qué, pero intuyen que tu vida interior está en otro sitio: es más sencilla, más pura, diferente y poderosa. En una sociedad que iguala a la baja ser limpio de corazón es toda una rebeldía. Sube el nivel para bien de lo que como humanidad podemos llegar a alcanzar.

Disfrute

Somos disfrute, recibimos la herencia de la felicidad. Nos merecemos ser felices, sí, sí, es nuestro derecho. ¿Derecho a qué? A celebrar el milagro de la vida, a agradecer, a expresar con naturalidad la alegría de estar vivos y relacionarnos con los demás. ¿A que tampoco existe un libro sobre cómo aumentar tu estrés? ¡Ya nos encargamos solitos!

En el entorno corporativo estoy un poco cansada de oír algunas expresiones:

«Es normal que esté estresado, ¡con la que tiene encima!».

Con respeto máximo y mucha empatía, suelo desafiar esta afirmación.

«Lo normal no es eso, es disfrutar», respondo con benevolencia mirando a los ojos, al tiempo que mi interlocutor suele quedarse desconcertado.

Estamos aquí para eso, para saborear dentro de las posibilidades de cada uno el maravilloso regalo de respirar, de interactuar, de expresarnos. Para bucear en nuestros talentos, aquello con lo que podemos contribuir al mundo, para compartirlos con otros, para crecer en este proceso, para tropezarnos, para levantarnos, para experimentar y vivir con mayúsculas. Probablemente conoces el dicho de que vivir es mucho más que sobrevivir, ¡creo que lo leí por primera vez en *Juan Salvador Gaviota*! También nos lo recuerda el poeta: «Caminante no hay camino, se hace camino al andar». ¿Has visto cómo disfrutan los niños del camino? Como madre de cuatro hijos te aseguro que no están pensando en la deliciosa comida que van a saborear cuanto te diriges con ellos a un restaurante; cada paso en ese paseo es motivo para sonreír, asombrarse y celebrar. ¡Cuánto podemos reaprender!

Por cierto, cuando disfrutamos, la productividad se dispara. Esto está más que contrastado. Me viene a la cabeza la entrevista que le hicieron a Lamine Yamal tras el golazo que metió en triunfo de España contra Inglaterra en la semifinal de la Eurocopa del 2024.

—Lamine, ¿sabes que hacer eso es algo monumental? ¿Te ves como un veterano o como un compañero más?

—Bueno, intento no pensar mucho, solo disfrutar y ayudar al equipo —respondió con clarividencia.

¡Qué grande el chaval!

Déjame trasladar esto al mundo corporativo. Tres consideraciones al respecto:

- *Primero*. En las empresas es más fácil disfrutar si tu rol está alineado con tu vocación, con aquello que se te da bien. No todos somos Lamile, pero si tu puesto de trabajo te permite expresar algo —¡y digo algo!— de tus talentos naturales es más fácil disfrutar. Que el escritor escriba, que el pájao vuele, que el pintor pinte. O en clave empresarial, que alguien con facilidad relacional desempeñe su labor en posiciones de mucho contacto con el cliente; que un profesional con gran capacidad analítica tenga un puesto donde esta sea relevante, o que alguien con visión a largo plazo pueda contribuir activamente a la estrategia de la compañía, por citar tres ejemplos típicos. Como dice mi colega Xavi Estrella, cuando pasas de amar lo que haces a hacer lo que amas, tus especialidades, el disfrute se dispara. Es entonces cuando los negocios se transforman, dejan de ser un espacio en el que te niegas la posibilidad de disfrutar (*neg-ocio*) para convertirse en el lugar natural donde hacerlo. En palabras de Confucio, cuando amas lo que haces no volverás a trabajar ningún día de tu vida. ¡Qué gozada formar parte de un proyecto empresarial así!

Liderazgo básico

- *Segundo.* A mi entender, para disfrutar resulta clave que el propósito corporativo no sea solo algo escrito en la web o en la memoria anual, o un ejercicio reservado a unos pocos, sino algo que se viva de verdad en el día a día. Esto no significa perfección, sino que exista una voluntad real y explícita de aterrizarlo en el día a día: en la toma de decisiones, en los objetivos, en el *feedback*, en el perfil de liderazgo, en el tono de las reuniones, en las conversaciones que se tienen o no se tienen, en la *mentorización* de los colaboradores, etc. Es importante también que esos valores corporativos que os guíen vayan contigo, con tu forma de ser. Todavía recuerdo el comentario de una directiva cuando estaba en el proceso de selección para un banco del Ibex. Mujer inquieta, con una formación de primer nivel e inquietudes personales muy interesantes. Su reflexión fue: «Si estoy teniendo entrevistas hasta las 22:30 h de la noche un viernes, no hace falta que me cuenten más, ni que me hablen de conciliación o flexibilidad. Sé leer el mensaje. No es mi sitio, no es compatible con lo que quiero hacer con mi vida». ¡Qué importante encontrar tu lugar! Otro ejecutivo me dijo una vez: «Si no sonríes es que estás en el sitio equivocado». Tú te conoces mejor que nadie, te acuestas y te levantas contigo mismo. Si quieres que el disfrute esté presente en tu vida, busca tu lugar, ese que te permita expresar tus talentos –amando lo que haces o haciendo lo que amas–, y en el que las formas de hacer y sentir tengan un grado de solape adecuado con lo que tú necesitas, con lo que tú eres. Y aviso a perfeccionistas: ¡acompáñate de una buena dosis de equilibrio realista! Hazlo con sentido común.

41

- *Tercera y última consideración*: tu actitud interna. ¡Tan importante! Creo que sabes a qué me refiero. Voy a enfatizar dos factores: celebrar y alegría interna. Es poderoso celebrar ciertas ocasiones que lo merecen: el cierre de un proyecto de envergadura, el fichaje de un colaborador, el éxito de una reunión no fácil, etc. Igualmente conviene mantener un estado interno apreciativo de lo ordinario, cultivar el agradecimiento interior por las pequeñas cosas. Esta sencilla práctica alimenta nuestras ganas, ilusión y entusiasmo. ¡Además, alarga la vida! No sé si sabes que cada vez hay más publicaciones que muestran la correlación positiva entre gratitud y longevidad. Por cierto, ¿cuándo fue la última vez que celebraste algo, interna o externamente? El otro factor donde quiero pararme es la alegría interna, que no frivolidad. No la pierdas. Si la situación es complicada, es todavía más necesario conservarla. Lo primero que conviene hacer cuando aparece un problema es sonreír por dentro, ¡vaya con lo que tienes delante! Cambiar tu mirada te ayudará, las gafas que elijas tienen su impacto. Si te dejas atrapar por una maraña de pensamientos negativos, miedos o preocupaciones solo amplificarás la gravedad de la situación. Y entiendo que lo que quieres es lo contrario, soluciones, o al menos vivir lo que te toque vivir de la mejor manera. Además, este estado interno te protegerá de la influencia de la negatividad de los demás. Estar satisfecho contigo te hace estar lleno por dentro, en los buenos momentos y en los no tan buenos, y eso atrae, cual imán, a la buena compañía.

Y para ser un apartado sobre el disfrute me ha salido un poco denso, ¿no? ¡Cómo se nota que aquí yo tengo tarea! Mi intención es que te ayude a profundizar y reivindicar tu naturaleza disfrutona. No sientas cargo de conciencia por ello: la vida son dos días. Estamos aquí para disfrutar y para que los demás disfruten. Sí, sí, aunque seas serio en el *front*, las manifestaciones del disfrute son variopintas, estamos hechos de esta pasta. El escenario de la vida seguro que te tiene reservadas muchas escenas; depende de ti cómo las vivas. ¡Ojalá seas fiel a ti mismo, a tu energía ascendente, y sea disfrutando!

Sabiduría

Somos sabiduría; dentro de nosotros ya sabemos lo que toca hacer. El silencio es un espacio creativo que deja que emerja la verdad, recordar lo que hemos olvidado para, desde ahí, actuar. El conocimiento por el conocimiento es puro entretenimiento. Es como estar en un puente y mirar la otra orilla sin cruzarlo. Mirar no equivale a saber. La sabiduría es el paso a la práctica, es saber a qué saben las cosas. Es redescubrir, vivenciar y utilizar las cualidades positivas que de un modo latente están en el interior de cada ser humano, de tal manera que desarrollemos nuevas actitudes y respuestas a los desafíos de la vida diaria.

    —¿Algo que añadir? —me digo a mí misma.

    —No —me autorrespondo con franqueza.

Detrás de mi respuesta está lo que me ha motivado a escribir este libro, nace directo del corazón. A estas alturas de mi vida profesional todavía vivo –en primera persona o escuchando a terceros y con mayor frecuencia de la que me gustaría– situaciones en las que se trasgreden ciertos principios que a mi humilde entender son básicos en el liderazgo, ¡y en cualquier persona! Describo algunas situaciones que tal vez te resulten familiares:

- Decir una cosa en público y la contraria en privado.
- Subir el tono de voz gratuitamente.
- No mirar a los ojos.
- Interrumpir sistemáticamente.
- Proclamar a los cuatro vientos que la cultura corporativa, con el propósito como bandera, es lo que marca la diferencia, y luego hacerse pequeño cuando hay que afrontar ciertas conversaciones relevantes con valentía.
- Apostar de boquilla por un liderazgo diferente en el que haya espacios para poner los temas relevantes encima de la mesa, y luego huir sistemáticamente de conversaciones de verdad, gestionando con los galones. Como un director general del IBEX me dijo una vez: «María José, yo solo pregunto a la gente si sé lo que me va a responder».
- Dedicarse a algo tan noble como la educación de las nuevas generaciones y luego poner zancadillas –no compartiendo información, difamando o similares– a una compañera a la que han hecho directora.
- Revindicar el talento senior y luego hacer la trece catorce a los que llegan a una determinada edad e intentan reinventarse.
- Defender un liderazgo en el que dices que quieres empoderar a la gente, y evitar espacios en los que se puedan expresar. ¡Para qué preguntar, démoselo hecho!

- Asumir que por contar los objetivos el equipo este los interioriza y entiende.
- Querer tener un buen clima en la oficina, y resistirse a saludar a la gente al llegar.
- Afirmar que apuestas por crecimiento de las personas y luego presupuestar una partida insignificante para apoyarlas.
- Decir que pagas a tus proveedores a 60 días y luego pasar de los 180.
- Jugar a las medias verdades...

¿Sigo? ¡No por favor! Tal vez tengas tus propios ejemplos. Vaya por delante que no exijo a nadie ser perfecto, ni soy quién para juzgar los comportamientos de unos u otros. Lo que quiero expresar es que, si de verdad quieres liderar —si no estarás hablando de otra cosa—, el camino pasa por la vuelta a los básicos: ser ejemplo de lo que dices, actuar con coherencia, decir la verdad, estar tranquilo, etc. ¿Cómo es la gente sabia, o la que, con toda humildad, aspira a la sabiduría? La que no habla de esto, sino que lo practica. La que se observa mientras vive, dirige, lidera y busca sí o sí momentos para poner todo esto en práctica, para que esté integrado en su día a día. ¡Así nace este libro! Para acompañar en esta apasionante tarea de recuperarnos a nosotros mismos. Esta es, desde mi parecer, la primera gran gesta de un liderazgo humanista que aspire a crear un mundo mejor: llevar a la práctica lo que somos. Lo que somos, de verdad.

En esta línea también me encuentro experiencias maravillosas. De un tiempo a esta parte los encargos profesionales que recibo son cada vez más simples y, en su esencia, están relacionados con vivir menos en la superficie y más en las profundidades del ser. Con mucha humildad y desde la grandeza de todo lo que han hecho, muchos directivos buscan el modo de retornar a los básicos, ejercer como altos ejecutivos haciendo su día a día más grato, asumir su responsabilidad llevándose menos sinsabores. Volver a disfrutar. Quieren SER. Como botón de muestra, comparto algunos ejemplos:

- «Como alto directivo, quiero disfrutar los próximos diez años de mi vida profesional. Se me abre una etapa fascinante. Quiero disfrutarlos de verdad, volver a ser yo».

- «Quiero estar tranquilo, mirar a los ojos a mis hijos al llegar a casa y sentir que ha merecido la pena; mirarme al espejo y sentir que ha merecido la pena».

- «Amo lo que hago, me encanta este proyecto y soy consciente del impacto que tengo en mucha gente. Quiero cuidarlos, que crezcan; cuidarme, crecer yo. Los resultados los doy por descontado. Esto es lo que quiero».

- «Quiero que la gente brille a mi lado; sin darme cuenta, arrollo».

- «Mi objetivo es estar más preparado, ¿para qué? Ni lo sé ni me importa, un puesto de mayor responsabilidad, abrirme a ser emprendedor... lo que la vida me diga. No soy el que era, me he perdido a mí mismo. Quiero volver a sentir mi fuerza vital».

Estar en paz contigo mismo, centrado en un proyecto que te apasiona y en un ambiente en el que no tienes que impostar te permite tomar decisiones duras, gestionar los tsunamis que de cuando en cuando vienen y conseguir objetivos sin perder tu capacidad de disfrute. ¿Por qué? Porque eres capaz de ver la luz detrás de la montaña; porque, aunque entres en algunos temas, guardas una sana distancia; porque tu «yo» no se está validando constantemente. No dejas que lo externo te afecte y mantienes tu esencia. Un barco está hecho para surcar la mar; si deja que el agua le inunde pierde su sentido. Tú eres el barco, las aguas son todo lo de fuera. Cuanto más cuides tu barco, mejor navegarás. Esto siempre es importante, pero sobre todo si la mar está brava. Y el entorno actual es muy, pero que muy bravo.

Por eso la sabiduría tiene que ver con estar preparado. ¿Para qué? Para pasar con éxito los tests que te mande la vida. ¿Cuáles? Ni tú ni yo lo sabemos. ¡Los tiempos de hoy son más impredecibles que nunca! Y ojo, estar preparado antes, no después. Antes. ¡Que la vida te pille preparado! ¿Y cómo se cuida el barco? Por un lado, aprender de las experiencias que vayas viviendo –¿qué mensajes te manda la vida?, ¿qué te dice sobre ti?–. Extraer conclusiones de tu propia experiencia te hará más sabio, con más recursos. Por otro lado, pon especial atención en lo que cada situación requiere. Desactiva el modo automático y mantente despierto a lo que un colaborador necesita, al tono apropiado para una reunión, al ritmo que hay que imprimir a un proyecto, a la urgencia o no de una decisión relevante, a una llamada de atención de un hijo, etc. Como quizá me hayas oído decir, los sabios leen la vida según pasa, los torpes leemos la quiniela el lunes. ¿Algo más a tener en cuenta? Sí, igual que todos los días comes y duermes, nutre tu mente a diario. Lee o escucha algo saludable, y experimenta con ello. Si lo haces todos los días poco a poco tu abanico de recursos será más amplio y, más importante, tu músculo para aplicarlos en el momento adecuado. ¡No te saltes la parte de experimentar, esa es la que te hará ascender!

Quiero cerrar este apartado con una última reflexión sobre la sabiduría. El sabio es generoso, ofrece lo que tiene sin esperar nada. Lo que tiene lo entrega sin necesidad de que se traduzca en algo concreto. Mentoriza, desarrolla cantera, apoya a los compañeros, aprovecha cualquier ocasión para ayudar en el momento. Como un directivo-amigo dice: «Un favor no hecho es como un beso que no se da, se pierde». El sabio sabe leer la oportunidad del momento, no la deja escapar. Con humildad están disponibles, y con ejemplo y discreción transforman la realidad para mejor.

Llegados a este punto he considerado que tal vez te apetezca darte un paseo, estirar las piernas y respirar un poco de aire fresco. También te he preparado un cuadro resumen con las energías ascendentes a nivel individual. Como ves, hay espacios en los que, si te apetece, puedes escribir. Aquí lo tienes.

Paz	«Quietud, la fundación»	¿Qué es la paz para ti?
Amor	«Movimiento, buscar el bien del otro»	¿Cómo expresas el amor?
Pureza	«Autenticidad, poder ser tú»	¿En qué ambientes eres más tú?
Disfrute	«Aprovechar la vida»	¿Que te hace disfrutar de verdad?
Sabiduría	«Hacer que las cosas pasen»	¿Qué haces en tu día a día que ayuda a los demás?

Elevarse como persona es vivir estas energías ascendentes. Es tener una nueva visión de nosotros mismos, de lo que nos hace diferentes y valiosos. Es recuperar nuestra propia fortaleza y ser auténticos en nuestra identidad más profunda –paz, amor, pureza, disfrute y sabiduría–. Es toda una revolución interna que requiere grandes dosis de esfuerzo y coraje. Es asumir la responsabilidad de la autotransformación para aceptar el mundo como es y contribuir a cambiarlo donde podamos, ¡la famosa *accountability*!

Estarás conmigo en que si fuera fácil ya lo habríamos hecho, ¿no? Lo cierto es que todo esto tiene su contraparte: las energías descendentes. Estas nos resultan muuuuy conocidas. Vamos a dedicarles el espacio que se merecen en las próximas páginas.

Energías descendentes

Los seres humanos nunca han conseguido construir el Cielo en la Tierra.

TIMOTHY GARTON ASH

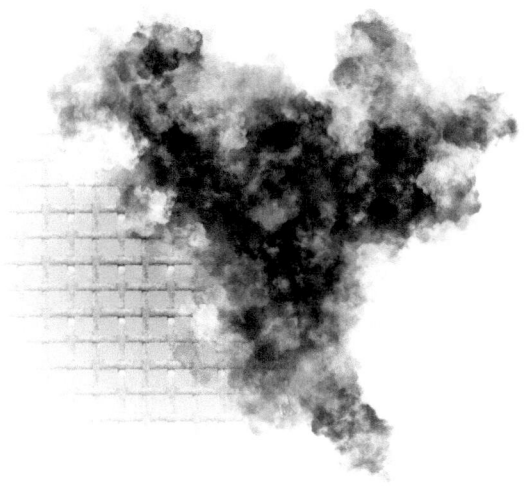

¿Ya qué me refiero con esto de energías descendentes?

Una vez un presidente del Ibex me dijo: «María José, hay tres cosas que mueven el mundo: poder, dinero y sexo». ¡Razón no le faltaba!

Ya sea en el terreno social, político o empresarial, el que aquí nos ocupa, las personas a veces nos movemos por deseos egoístas explotando las necesidades del otro, en lugar de servirlos. Seguimos caminos falsos hacia un éxito aparente y efímero que a la larga produce insatisfacción, tensiones innecesarias y violencia gratuita hacia otros y hacia nosotros mismos. Estos deseos, aunque se cumplan, nos alejan de nuestra identidad más profunda –la que nos da dirección y plenitud–; y, aunque exista recompensa inmediata, provocan un vacío existencial que puede cronificarse. Consumen poco a poco la calidad de la vida.

¿Te reconoces en alguna de estas tendencias?

Ego

El ego trae una efervescencia de emociones tales como arrogancia, resentimiento, necesidad de reconocimiento, inflexibilidad, etc. Todo esto está en la base de muchos conflictos: «Tú eres el que tiene que aprender esto, yo ya lo sé», «tú eres el que tiene que cambiar, yo no», o «yo tengo razón, tú no». Una de las mejores definiciones de ego que conozco fue la que escuché a Mike George en una sesión en Oxford hace más de diez años: falsa identidad basada en un apego. Es decir, construyo mi yo ilusorio, mi identidad superficial a través de ser el que más sabe, con una característica externa, por el desempeño de un rol, por lo que representa un objeto físico o un símbolo, o por una autoimagen de mí mismo.

• Cuando eres «el que más sabe», te apegas a tus ideas –quiero tener razón, soy el que sé– y ello normalmente conlleva alguna dosis de soberbia. Te identificas por la calidad de tus ideas, no te puedes permitir que no sean buenas, ya que lo que está en juego es tu identidad. Casi sin darte cuenta desarrollas microcomportamientos con los que no pones en valor las contribuciones de los demás: arrasas cuando hablas, tiendes a intervenir el primero, interrumpes selectivamente, usas el sarcasmo de manera inoportuna, tu tono no siempre es el apropiado para cierto tipo de perfiles, quieres que el mundo se adapte a ti, etc. ¡Tiene tantas caras! Muchas veces me he encontrado que cuando un directivo está atrapado por este tipo de ego tiene una frustración recurrente: no sabe por qué la gente se hace pequeña a su lado. Se convierten en faros que, en lugar de alumbrar, deslumbran. Por lo general son bastante inteligentes y, sin que ellos se percaten, el resto del equipo se acomoda a que sean los visionarios o los que aporten la ideas que marcan la diferencia. Otro efecto que suelo observar es que tienden a rodearse de los que «los entienden», es decir, de los que les dan la razón. ¿Consecuencia? Crean grupos en los que se sienten cómodos hablando y, muchas veces sin pretenderlo, excluyen a parte del equipo. Si conoces a alguien que se comporte así, como primer paso le podrías sugerir que baje su tempo y observe qué pasa, ¡luego ya vendrá lo demás!

• Esta falsa identidad también puede observarse cuando el «yo soy» se basa en una característica externa: género, raza, nacionalidad, religión, grupo social, etc. Este tipo de ego extrema los sentimientos de superioridad o inferioridad. Para reafirmarse busca eliminar la diferencia: «Yo soy el que está bien, los demás no lo están». Es bastante habitual que esté acompañado de comportamientos inflexibles. Los demás tienen que actuar y pensar como tú, niegas el carácter único de cada uno: «Si no eres de los míos, estás fuera». Dogmatizas, tiendes a sentar cátedra. Esta semilla está en muchos fundamentalismos.

Además, con este tipo de ego cualquier conato de creatividad se suele desvanecer.

• Una variante del anterior es cuando el ego se manifiesta como apego a un objeto físico o a ciertos símbolos. Te identificas con el coche que conduces, con la marca de la ropa que vistes o con los metros cuadrados de tu casa. Esto te hace sentirte parte de ciertos grupos. Por ejemplo, tu coche deja de ser un instrumento para desplazarte y se convierte en un signo de estatus. Por eso, le dan un golpe y es como si te lo estuvieran dando a ti, ¡te duele en lo más profundo de tu ser! Y no precisamente por tener que ir al taller o por un tema económico. En la misma línea, te descubres comprándote algo cinco veces más caro por mostrar un determinado logo. Tal vez te cuesta reconocerlo y por dentro te autojustificas, pero la realidad es que te sientes más seguro vistiendo de determinada manera, ¡como los tuyos!

• ¡Otro disfraz! El ego puede colarse si te identificas en demasía con un rol que desempeñas: madre, padre, jefe, directivo, compañero, cliente, proveedor, amigo, socio, víctima o el que sea. En este caso suele ir acompañado de necesidad de control. Esto se entiende muy bien en el terreno personal: si tu hijo saca malas notas parece que el que suspende eres tú. Los resultados de sus exámenes no son un signo de que tu hijo se está labrando un camino, sino un indicador tuyo como padre. Puede que hasta tengas sensación de fracaso. ¡Es tremendo! Por eso quieres que sea el primero de la clase, que vaya a la mejor universidad e incluso puedes llegar a menospreciar la labor de algún docente. No concibes que con lo trabajador que eres, tu hijo no siga tu ejemplo. Con ese sentimiento, te otorgas el derecho a controlar y hasta manipular, ¡es por su propio bien! Todo esto es trasladable al terreno profesional. El famoso *micromanagement* con el que un jefe trata de controlar lo que hace cada miembro del equipo («así siento que cumplo como jefe»); un cliente que no exige servicio, sino servilismo (¡le gusta que le pongas la alfombra roja todos los días!); o un profesional que considera una democión un movimiento en horizontal («mis señas de identidad están en el nombre de mi cargo») son solo algunos ejemplos de cuando alguien, atrapado por su ego, deja de desempañar un rol para convertirse en él. Espero que no te pase a ti, ¡o al menos muy a menudo!

• Autoimagen. Una última forma de ego en la que quiero detenerme –¡existen unas cuantas más!– es el apego a una determinada imagen de ti mismo. Por ejemplo, cuando buscas la aprobación externa en una reunión. Tal vez te descubres decepcionado e incluso inseguro hasta que no reconocen tu labor. Puede que te calles y por dentro estés intranquilo, o quizá pase lo contrario. Sin darte cuenta empiezas a hablar demasiado, como queriendo demostrar todo lo que vales hasta que alguien, preferiblemente con autoridad, te lo reconoce: «Quiero recalcar que la contribución de mengano en este proyecto ha marcado un antes y un después», o algo similar. Hay una línea muy fina: es un ejercicio de liderazgo saber recibir un cumplido, pero a la vez que tu seguridad en el trabajo que has hecho o tu serenidad dependa de ello es ego, energía descendente.

Nada que objetar a contribuir con buenas ideas, apreciar las diferencias, ejercer ciertos roles, utilizar objetos de calidad o recibir halagos, lo determinante es tener claro desde dónde nacen cada uno de estos comportamientos. Si a través de ellos quiero servir, dar o contribuir a otros, son energías ascendentes. Si por el contrario quiero servirme de ellos, estoy dando de comer a mi ego.

¿Y cómo pillar al señor ego? Voy a compartir dos pistas que suelen funcionar, por si te son útiles. De una parte, no se me olvidará la clave que una mujer muy sabia, Sister Jayanti, compartió conmigo en el autobús camino de un avión en el aeropuerto de Abu Dabi: «Cuando hay dolor, hay ego», me dijo como quien no quiere la cosa. De alguna manera con estos apegos externos –a una idea, a una característica, a un rol, a un objeto o a una autoimagen– buscamos fuera lo que no encontramos dentro de nosotros, en nuestro interior. Y cuando no lo recibimos por el motivo que sea nos frustramos, nos resentimos o perdemos el control sobre nosotros mismos. ¿Te ha pasado alguna vez? Mi sugerencia es que, si notas que algo te duele, explora si algún tipo de ego se está autoinvitando a tu vida. La segunda pista tiene que ver con una pregunta que te puedes hacer a ti mismo: ¿qué pasa cuando no tengo razón? Y cuando digo «qué pasa» te invito a que, con perspectiva, te observes en los comportamientos con los que reaccionas, en los pensamientos que se te disparan internamente y en las sensaciones que invaden tu cuerpo. Si en ellos reconoces algún conato de los apegos anteriores, probablemente haya algo de ego. A ti te toca decidir qué hacer con él.

Ira

La ira, desatada o sutil, destruye la estabilidad de los equipos, por no mencionar la propia. El «espero» es el gran espejismo que muchas veces se convierte en una demanda de derechos adquiridos: «Espero que contribuyas a la reunión», «espero que me hables en buen tono», «espero que tomes decisiones», «espero que me asciendas o espero que me correspondas», por mencionar algunos «esperos» muy legítimos. La ira en cualquiera de sus formas es el resultado directo de esa expectativa no cumplida: decepción, acusaciones, irritación contenida, etc., que no son otra cosa que distintos modos de violencia. Puede tomar forma de gritos, amenazas o insultos: «Te he dicho que hagas esto veinte mil veces, aghhhh ¡y no lo has hecho!», «como no vengas inmediatamente, verás» o «eres más t...». Quizá luego te sientes mal, pero el monstruo se desata. O tal vez se manifiesta de manera más silenciosa: resentimiento acumulado, prepotencia, amargura, sensaciones de contrariedad, impaciencia contenida, rigidez, intolerancia, etc. ¿Sabes reconocer tu ira?

La ira va muy unida a la no aceptación de la realidad, quieres que ocurra otra cosa y te resistes, no sueltas tu expectativa. Cuando aparece te invade una emoción incendiaria, al tiempo que cierras tu mente y tu corazón a lo que está pasando. Se pueden distinguir tres desencadenantes: el primero, no consigues que te suceda lo que te gustaría: «A estas alturas debería ser alto directivo» o «me cabrea tener limitaciones económicas» o «vivo con sensación de fracaso», por poner tres ejemplos. El segundo se observa cuando te enojas porque los demás no te hacen caso, no hacen o dicen lo que tú quieres. En este caso puedes soltar cosas como «quiénes se han creído que son» o «¡cómo es posible, con lo que yo he hecho por ellos!», o expresiones similares. El tercero, y este es muy interesante, cuando te enfadas o te vienes abajo simplemente por lo que sucede o por cómo es algo que no depende de ti: «¡Qué horror de lluvia!» o «este edificio es horrible, ¡menudo gusto el del arquitecto!». En todos estos casos reaccionas con energía descendente.

La ira nace de vivir algo perjudicial como beneficioso: dentro de nosotros creemos que va a ser mejor. ¡O al menos en primera instancia! Además, tendemos a normalizarla: «Tengo derecho a enfadarme» o «si no me enfado, es que no soy yo». ¡Mucho cuidado! Aquí otra vez la línea es muy fina: no se trata de negar la realidad –la expectativa no se ha cumplido– sino de no dejarse atrapar por esa emoción negativa que pretende tomar los mandos de cómo percibes, sientes y actúas. La ira puede presentar varias fases: primero te aguantas, luego sientes la presión y por último explotas. Cuando esto ocurre pierdes el control. Tu amígdala, la parte de tu cerebro que impregna de significado emocional, se hiperactiva y quiere perpetuarse. ¿Qué hace para ello? Entre otras cosas, una recuperación selectiva de tus recuerdos, solo accede a situaciones en las que pasó eso que te está irritando: «Siempre me estás mintiendo» o «nunca obedeces». En ese momento tu visión es parcial. Quieres cambiar, pero te cuesta. Tu cuerpo tira hacia otro lado, tu respiración se altera. Y si esto se sostiene en el tiempo se cronifica. Tu estado vital alterado deteriora tus relaciones: con tus compañeros de trabajo, con tu jefe, con los clientes, con tu familia, etc. ¿Conoces gente enfadada con el mundo? Estas personas están atrapadas en esta energía descendente.

Bien, si en lugar de justificar tu ira o alimentarla estás en la senda de quitarle fuerza –en palabras de Amadeo Dieste, de desactivarla–, quizá te interese seguir estos pasos. Verás que son sencillos de entender, aunque no tan fáciles de aplicar: muchas veces el éxito está no solo en tener el recurso, sino en ser capaz de aplicarlo cuando se necesita. Eso es lo que te deseo. No me entretengo más, el primer paso para desactivar tu ira es que la reconozcas. Por eso la hemos descrito aquí en sus múltiples facetas, tanto en su versión severa –comportamientos externos agresivos– como en manifestaciones más sutiles –irritación interna–. El segundo es que te responsabilices de ella, es algo evitable. Es una energía descendente que se te cuela, no es tu estado natural. Eres tú el que la está creando.

¿Cómo contrarrestarla entonces? Hay distintas estrategias: evocando una imagen mental conectada con tu energía ascendente, por ejemplo, la cara de un ser querido feliz, un paisaje natural en el que te sientas cómodo, una situación profesional que te conecte con tu mejor yo... algo que te provoque paz. La segunda es empatizando con la situación: quizá no está pasando lo que quieres que pase, pero casi seguro que puedes aprender de ello, que te aporte algo, mirarlo con otros ojos. Y la tercera es que más allá de esa situación te asegures de que, de cuando en cuando, recargas tu reserva ilimitada de tranquilidad, buscas proactivamente momentos de silencio –conectando con la naturaleza, dando un paseo, etc.–. Unas cuantas páginas más adelante, en el capítulo *Haz tu vida ascendente*, profundizaremos más al respecto.

No sé si conoces el dicho «a lo que se resiste, persiste». No se trata de resistir a tu ira, sino de transformarla. La ira es como lanzar una bola de fuego, evidentemente tiene un impacto destructivo para los demás y, al mismo tiempo, cuando la lanzas te quemas la mano, te lesionas a ti mismo. Puede parecer que es una vía de escape, pero la recompensa es efímera. En el largo plazo la indignación, el lamento y el enfado permanente te impiden crecer. Ese grito que le das a un colaborador condiciona las reuniones posteriores, la gestión del error, el despegue de la innovación, etc. Esa agresividad innecesaria con un cliente mata la confianza, el beneficio mutuo o que te recomiende de forma natural. Esa brusquedad con tu pareja colorea el ambiente que se vive en tu hogar, las peleas de tus hijos o la tensión sostenida. Ese resentimiento acumulado hace que cada vez te sea menos fácil pedir perdón o incluso perdonar. Evidentemente tu eres dueño de tu vida, simplemente sé consciente del impacto de que tu vida esté gobernada por un tipo de energías u otras. Tú decides.

Apego

El apego siembra la semilla del sufrimiento, antesala del estrés. Bajo el nombre del amor, que es energía ascendente desinteresada, nos aferramos a los demás, a nuestros roles o pertenencias, e incluso a nuestras formas de hacer o pensar, para ganar en seguridad. Este camino aparente hacia la plenitud está muy ligado al sentimiento de posesión; el uso excesivo de palabras como *mío* o *mi* lo suele delatar. Apego hacia las personas o instituciones: mi equipo, mi jefe, mi empresa, mis amigos, mi pareja, mis hijos... ¡mi, mi, mi! O en los roles: mi puesto de director general, mi cargo x –subdirector corporativo, presidente o lo que sea–, mi jefe, mi madre, mi hija, etc. O se manifiesta en las posesiones: mi casa, mi coche, mi camisa, mi país, mi raza, mi sexo, otra vez mi, mi, mi, ¡hasta mi taza de café! O, como dijimos antes, puede existir apego a mis formas de hacer: mi estilo de liderazgo, mi forma de comunicar, mi fórmula para tomar decisiones; o a mi personalidad, a mis creencias, etc. Cuando aparece la posibilidad de perder algo de todo esto se disparan los miedos, aparecen las dudas desproporcionadas, el sentimiento de vértigo, los celos, etc. ¿Te ha pasado alguna vez?

Uno de los productos del miedo es la duda, que en su forma extrema prolonga la toma de decisiones, instala el no compromiso y genera parálisis. El miedo a la respuesta de un colaborador puede llevarte a no preguntarle si su compromiso es genuino o, con toda tu buena intención, a manipularlo; el miedo a lo desconocido instala una mentalidad conservadora resistente a experimentar con cosas nuevas matando cualquier atisbo de creatividad o emprendimiento; el miedo a cambiar de posición puede disparar todas tus alarmas sobre tu propia valía e impedirte aprovechar las oportunidades de la nueva posición; el miedo a liderar de otra manera te lleva a un inmovilismo estéril que se refugia en un escepticismo ilustrado; el miedo a la soledad pospone cortar *sine die* una relación que falla estrepitosamente; el miedo a perder a los demás puede evitar que seas tú mismo y que expreses tus necesidades, o tal vez a dejarte devorar por el fantasma de los celos; el miedo al fracaso te lleva a jugar un partido a no perder en lugar de a ganar, te pones defensivo y solo aspiras a mínimos; el miedo a la autoridad –a un padre, a un director o, para quien crea, a Dios– genera soldados y no líderes, (¡ojo, a veces es lo que se busca!).

¿Y qué puedes hacer para conquistar esos miedos? Lo primero es que seas muy consciente de que la sensación de seguridad que da lo externo es ilusoria. A veces creemos que las personas, las posiciones o las cosas son para siempre y la vida se encarga de sacarnos de nuestro engaño, nos da un zarandeo mayúsculo: perdemos a un ser querido en el momento más inesperado, nos despiden por sorpresa de una empresa o este amigo que creíamos que siempre iba a estar ahí toma decisiones que lo alejan de ti. ¿Qué tal si sustituyes el concepto de seguridad por el de estabilidad? ¡Ese sí que está a tu alcance! La estabilidad caracteriza a las personas elevadas, aquellas que cultivan sus cualidades intrínsecas. ¿Te las recuerdo?: paz, amor, pureza, disfrute y serenidad. Conectar con ellas –con la cabeza, con el corazón y con las acciones que tocan– hace emerger en ti un estado de plenitud interno, de serenidad, que te llena más allá de lo que esté pasando fuera. Das espacio a tu ser, no generas dependencias.

Cuando te desapegas, amas y te entregas a los demás, y a la vez sabes cuándo soltar una relación personal o profesional. Confías en llevar un proyecto a buen puerto, y también sabes cuándo toca virar el barco a otro destino. Utilizas con sentido tus recursos materiales, y sabes cuándo desprenderte de algo es lo que conviene. Asumes la responsabilidad de los roles que tienes en la vida, y no confundes tu identidad con ellos. Te encuentras a ti mismo y por eso te relacionas con lo externo con el bien llamado despego amoroso. Desapegarse no es saltar de flor en flor, ni desvincularse de la realidad, ni tomar decisiones impulsivamente sin tener en cuenta sus consecuencias. No, no es nada de eso. Es, en palabras de Enrique y Guillermo Simó, observar el río de la vida sin dejar que sus aguas te penetren. Es que te importe todo y no te importe nada, ya que nada, nada, nada de lo que pase es tan importante como para perder tu esencia, lo que eres, para perderte a ti. No sé tú, yo todavía no estoy ahí.

Nunca es suficiente

El «nunca es suficiente», bien sea en lo material o en otra dimensión más intangible, ciega nuestra capacidad de apreciar lo que tenemos, de sentirnos valiosos y lanzarnos con fuerza a una nueva etapa. Necesito más, necesito más, necesito más... este es el lema por el que se guía. Cuanto más tengo, más soy. Necesitas una casa más grande, un coche más potente, gastar más, un puesto con mayor impacto, hacer más cosas, leer muchos libros, tener más reconocimientos, conocer a más gente, darle más vueltas a ese proyecto ya acabado o ser todavía más ambicioso en el presupuesto. Fíjate, intentas añadir valor al yo a través de lo externo –posesiones, poder o éxitos– y, sin pretenderlo, restas. ¡Lo tienes todo y aun así convives con un sentimiento de insatisfacción permanente! Acumular no te crea una sensación de valor personal, es a la inversa. El consumismo en todas sus vertientes no funciona, es una energía descendente que va contra las leyes naturales.

Otra vez la paradoja está servida y tú eres el único autorizado para responder. En estos territorios no hay que confundir la sana ambición con codicia, la aspiración a la excelencia con el perfeccionismo patológico, la entrega y el compromiso de los colaboradores con quemar a las personas disponiendo de su agenda, los márgenes para ser rentable con el sobreprecio, el legítimo deseo de bienestar económico con el despilfarro, la saludable inquietud por el aprendizaje continuo con la colección de títulos.

Y no solo es cuestión de medida, ya lo apuntaba muy bien Aristóteles con el justo medio, sino de intencionalidad: para qué haces las cosas. Cuando estás lleno por dentro generas abundancia externa, te conviertes en una persona con la que apetece estar, en un profesional empleable por las empresas, en un colaborador al que varios equipos quieren fichar, en alguien que saca adelante proyectos diversos, que consigue resultados en cualquier situación, etc. En este caso la abundancia es un signo de energía ascendente. Se torna en descendente cuando no es la consecuencia de tus acciones, sino la motivación de estas, cuando a través de ella intentas llenar un vacío interior, cuando necesitas de todo eso para sentirte valioso, sabiendo que tú eres mucho más.

Un último apunte. El «nunca es suficiente» tiene una prima hermana: la envidia. ¿Te has descubierto alguna vez comparándote con otros? Una cosa es tener referencias de personas que te inspiran para progresar, crecer o evolucionar y otra es compararte con los que tienen mayor estatus social, más éxito profesional, poder adquisitivo más alto, mayor relevancia, o prestigio, o lo que sea. Esto es envidia. Y si este es tu caso, la angustia está garantizada. Por muy bien que estés, siempre va a haber alguien por encima de ti y, por tanto, vas a querer más. Cuando estás atrapado por esta energía te conviertes en alguien insaciable. ¿Reconoces la expresión «debería estar contento, e incluso agradecido, pero lo cierto es que no lo estoy»? Este pensamiento lo tienen las personas en las que se ha instalado esta energía, produciendo un doble movimiento: puede que se manifieste en forma de sobreactividad –pones más reuniones para ser más efectivo, acometes más proyectos para demostrar que lo hacemos bien, te inscribes en más cursos para estar bien formado, te apuntas a más *hobbies* para descansar...–. O todo lo contrario: como sabes internamente que no vas a llegar a donde están los otros, te dejas ir –descuidas tu aspecto físico, trabajas sin ilusión, te aíslas, etc.– al tiempo que te invade un mar de excusas «si hubiera nacido rico» o «si tuviera padrino» o similares, que te llevan al inmovilismo y la frustración.

A estas alturas probablemente te habrás dado cuenta de que este «nunca es suficiente» es la avaricia de toda la vida –cuanto más tengo más soy–, por eso te comparas y buscas estar arriba. Si lo que buscas es la plenitud personal o simplemente crear valor con el ejemplo personal, este es un camino sin salida. La generosidad, la sencillez y el compartir son la contrapartida de la avaricia. Aspectos absolutamente necesarios para ejercer un liderazgo que vuelva a los básicos, para desarrollar alianzas con terceros tan necesarias en los tiempos que corren, para que la cooperación entre áreas sea una realidad, para mostrar con naturalidad cómo se colabora y para que el mejor talento elija quedarse e, inspirado en estos principios, multiplique.

Egoísmo

¡Quinta energía descendente! Me he cansado un poco de escribir sobre estas energías, ¡no quiero darles tanto de comer! Y a la vez tampoco quiero negarlas; están ahí y sé que conviene profundizar en ellas. Vamos a por un último esfuerzo para rematar. Ahora le toca el turno al egoísmo. Una cosa es aprovechar al máximo las experiencias que la vida te pone por delante y otra muy distinta aprovecharse de las personas o las situaciones por motivos egoístas. Cosificar, reducir o utilizar a los demás son formas de aprovecharse. La lealtad, la paciencia y buscar el bien del otro están en la base de cualquier relación sólida; el egoísmo se las lleva por delante. El mecanismo que subyace está muy relacionado con el llamado Triángulo de la Armonía, concepto desarrollado por Brian Bacon y explicado magistralmente por Pablo Tovar en su libro *Liderazgo para líderes cotidianos*. Si nuestras relaciones están enfocadas principalmente en el tomar –motivación egoísta–, tarde o temprano se produce desarmonía. Por un lado, la relación externa se tensiona. Y en la interna, como lo que tomamos nos satisface superficialmente, no nos acaba de llenar y seguimos demandando. El foco está en lo que «yo deseo». El resto, tú y los demás, no es más que un medio para conseguirlo. Como muestra, algunos ejemplos: utilizo a mis hijos para reafirmarme como madre, el talento de mis colaboradores para progresar en la empresa y el tiempo de un compañero para desahogarme. Cuando el foco está en mí, en lo que busco, puedo llegar a explotar a los demás. Además, sin darme cuenta cada vez dependo más de ellos con lo que mi necesidad de controlar lo que hacen o lo que me dan también aumenta. Esta energía descendente produce mucho desgaste.

¿Cuál es la alternativa? Enfocar la relación en el dar –motivación de servicio, de crear, de contribuir–, en lo que el otro o la situación necesita. Uno de mis maestros, el profesor Ángel Sánchez Palencia, solía afirmar que «las acciones con éxito son las acciones con sentido». ¿Qué es lo que está pidiendo esta situación? ¿Cómo puedo contribuir a la otra persona? Cuando pones el foco en dar –un bien material, tu tiempo a un compañero, espacio a un colaborador, un límite en una conversación, tu talento para *mentorizar* a otros, una sonrisa al saludar, etc.– se produce un salto cualitativo. Si lo haces de manera genuina –libre de egoísmo– la vida de una forma u otra te lo devuelve. El equilibrio se reestablece. Ese cliente queda tan satisfecho que te recomienda, ese compañero te ayuda cuando más lo necesitas, aparece esa oportunidad que tanto estabas esperando, etc. Hay un dicho al que no le encuentro explicación racional pero que se produce: «Un corazón honesto atrae aquello que necesita». Cuando te entregas con honestidad a lo que cada situación requiere, lo mejor llega. Un matiz importante: estas actitudes son de servicio, no de servilismo, que no es otra cosa que la explotación de uno mismo.

La energía creativa –en una comida, al iniciar una charla con el equipo, al aterrizar un proyecto, charlando con un amigo o en un acto sexual– puede ser sublime o devenir en una experiencia transaccional efímera que busca llenar un vacío interno y que, a la larga, se torna insuficiente. Está en ti elegir: sucumbir a tus deseos egoístas para descubrir que a la larga sigues insatisfecho, o esforzarte y aprovechar el anonimato de los momentos cotidianos para sentir cómo emerge un yo cada vez más estable y potente, tu yo ascendente.

Antes de concluir este capítulo, he rescatado once preguntas para que te observes y tengas tu termómetro particular de energías descendentes. No es un ejercicio preciso, sino una aproximación de cómo pueden o no estar presentes en tu día a día[3]. Mi sugerencia es que contestes sin pensar mucho, aprovecha tu frescura, y hazlo con muchísima honestidad. Esto es solo una foto para ti.

---

3   Inspirado en el libro antes mencionado de Pablo Tovar.

	Siempre	Casi siempre	A veces	Casi nunca	Nunca
¿Te descubres molesto por haber perdido a un juego en familia?					
¿Tiendes a interrumpir a otros mientras otros te hablan?					
¿Sonríes y saludas cuando llegas a la oficina?					
¿Sientes que ya no disfrutas tanto con lo que haces?					
En una reunión, ¿te quedas callado aunque discrepes?					
Cuando te piden algo ¿empiezas con una negativa?					
¿Te diriges a otros cuando estás enfadado?					
¿Compartes información proactivamente con otras áreas?					
¿Tiendes a ser negativo en tus comentarios?					
¿Encuentras algo que reconocer/agradecer a los demás todos los días?					
¿Actúas igual en el trabajo que con otros padres en el colegio?					

Hablar de lo que tenemos que hacer y no practicarlo genera resistencias internas y externas que, con el tiempo, se convierten en rocas. ¡Base del escepticismo más fundamentado! Es como el rechazo del cuerpo a un organismo extraño. Por eso, para avanzar resulta clave abordar estos temas con vocación de cambio. Para facilitarte la vida todavía más, te he preparado esta tabla resumen-ejecutivo sobre las energías descendentes. Al verlas así agrupadas tal vez tengas más claro cuáles están más presentes en tu vida y qué puedes hacer al respecto.

	Ego	Ira	Apego	Nunca es suficiente	Egoísmo
Pregunta a explorar	¿Qué pasa cuando no tienes razón?	¿Qué pasa cuando no ocurre lo que esperas?	¿Qué pasa cuando pierdes algo que te importa mucho?	¿Qué pasa cuando no puedes acumular?	¿Qué pasa cuando no puedes tener lo que quieres?
Cualidad original relacionada	Sabiduría	Paz	Amor	Pureza	Disfrute
Creencia subyacente	«Sé»	«Espero»	«Es mío»	«Necesito»	«Controlo»
Consecuencia probable	Arrogancia, necesidad de aprobación	Arrogancia, necesidad de mandar	Inseguridad, necesidad de lo conocido	Vacío, necesidad de acumular	Abuso, explotación, necesidad de control
Se conquista con...	Humildad, sinceridad	Silencio, tranquilidad	Espacio, Sentido de Humor	Generosidad, Valentía	Respeto, Equilibrio

Y también me encantaría que escribieras algunas líneas a modo de conclusión. El proceso de escribir de tu puño y letra tal vez active aquello que necesitas.

Estas energías descendentes han penetrado con tal profundidad en nosotros que las consideramos casi naturales y hemos construido una carcasa que nos acompaña a todas partes. Y frente a esto, el compromiso del liderazgo humanista es un canto a la autenticidad. Es la voluntad de crecer juntos, de creer en nosotros como seres humanos y marcar la diferencia aprovechando lo que somos y las oportunidades del mundo que viene. De eso va el capítulo que viene, de mostrarte esas elecciones.

¿Qué eliges tú para tu vida?

Sé cómo vivir, sé cómo morir.

NEVILLE HODGKINSON

El cambio duradero y positivo es algo que nadie puede decidir por nosotros: ¡está en nuestra mano! Lo decidimos cada uno de nosotros y se consolida en el día a día para convertirse en una realidad. Sí, sí, LO DECIDIMOS. Al final todo reside en una elección personal; por eso es importante tener una conversación honesta con nosotros mismos para, desde esa libertad que nos caracteriza, con claridad de mente, nuestras tripas y nuestras acciones, contestarnos a la pregunta: ¿qué elijo para mi vida y cómo quiero contribuir... con energías ascendentes o descendentes? Y me atrevo a preguntarte: ¿qué eliges tú para tu vida? Anímate a escribir tu respuesta:

....

....

....

....

Sabes que juego con la cacofonía para enfatizar el foco en ti. Eres tú, y solo tú, el que elige.

Y después de que te hayas respondido –eres el único autorizado a hacerlo–, me permito la licencia de compartir parte de lo que en su día yo misma me contesté. Son solo fragmentos de una conversación íntima conmigo misma.

–¡Pues elijo energías ascendentes! –contesta mi voz interior.

–Sí, sí... tu corazón te lleva ahí, ya nos conocemos –replica mi otro yo–. Ahora bien, seamos realistas, ¿crees que va a servir para algo?, ¿cuánta gente conoces que está enfadada con el mundo? –me desafío.

–Mucha, tienes razón –afirmo sin negar lo evidente.

–Hay mucha gente que sufre, encerrada en ella misma, viviendo vidas vacías o insatisfechas. La acción es la pereza de muchas organizaciones. Nos ocupamos de mantenernos ocupados y huimos de esa conversación interior, limpia, nítida y sabia que nos dice lo que de verdad nos da la felicidad. –Tomo aire y prosigo–. Esa que nos permite ser nosotros mismos para, fuertes y libres, ser más productivos, tomar mejores decisiones y crear entornos de abundancia, de prosperidad, en los que apetezca trabajar. Frente a ello, el egoísmo, en cualquiera de sus formas, nos impide ver la bondad original que hay en la vida, las posibilidades del ser –me argumento a mí misma–. Por eso, en el mundo de hoy es más necesario que nunca optar por esas energías ascendentes. Apostar por un liderazgo humanista que eleve a las personas, a los equipos, y cree mejores empresas. Me reafirmo –concluyo con rabiosa sinceridad.

–¿Valentía o temeridad? María José, ¿eres consciente de las implicaciones de tu elección? –insiste, un poco tozuda, mi propia voz.

–Totalmente. Sé que hay que armarse de coraje para seguirte, para seguir esa voz interior, hacer lo que toca hacer y confiar en que la vida, de una forma u otra, responderá. También sé que para que esto traccione no se puede quedar en el terreno teórico, sino que el verdadero desafío está en llevarlo al día a día.

¡Y ese es precisamente el foco del siguiente capítulo, *Haz tu vida ascendente*! Cómo conseguir que tu vida, en el ruido de tu rutina diaria, esté de verdad gobernada por energías ascendentes.

Antes de sumergirnos en él quiero cerrar este capítulo con una de las implicaciones más relevantes –a mi modo de ver– de elegir vivir en ascendente. Cuando uno opta por esta vida, automáticamente se convierte en lo que Strano denomina trasformador cualitativo: personas que provocan un cambio sustancial, que tienen la capacidad de transformar la negatividad en algo beneficioso para sí mismas o para los demás. En sus palabras, personas que pueden transformar muros de resistencia en puentes de entendimiento. Vamos, lo que en las empresas se llama agentes de cambio. Gente que rema a favor, que es muy consciente de determinadas situaciones y circunstancias descendentes y que, cuando interviene en ellas, las transforma para mejor.

Que acepta lo que viene y en lugar de considerarlo «problemas a resolver», lo integra, aprende de ello y se hace más fuerte. Personas que sintonizan con una forma de hacer las cosas sencilla, limpia y genuina, y que las convierte en personas con las que realmente apetece trabajar. ¿Te suena? Este cambio cualitativo puede verse como el que se produce con el estiércol en un jardín de rosas. ¿Te has fijado en que las raíces toman lo mejor del estiércol sin ningún efecto colateral? Es un hecho que, lejos de contaminarse por su textura, olor o color, las fortalece. Las flores que se alimentan con este abono colorean el jardín de tonalidades hermosas e irradian fragancias exquisitas. Los transformadores cualitativos toman el estiércol –el ego, el resentimiento, la ira, la avaricia o los miedos–, no dejan que los penetre y obran el milagro: desarrollan a ese colaborador en el que nadie creía, le dan la vuelta a la relación con un cliente, consiguen que una reunión sea por fin productiva, que ciertas áreas colaboren entre ellas, toman esa decisión no fácil, o lo que sea... De alguna manera acceden a lo que subyace debajo de lo superficial en la realidad exterior y transforman lo que muchos creían imposible en posible. Habitualmente lo hacen con discreción, humildad y dulzura. Con su autenticidad se ganan la credibilidad del resto. ¡Como quién no quiere la cosa, con naturalidad! Tienden a hacer la vida fácil, otra vez esa palabra ¡hacer las cosas fáciles! Todavía recuerdo cómo un presidente del IBEX llamaba a esto ejercer un liderazgo natural. Me decía: «María José, me quiero rodear de líderes naturales». Lo tenía clarísimo.

Resulta obvio que los transformadores cualitativos no crean las flores, pero sí facilitan su expresión, sacan lo mejor de cada situación, persona o relación. ¿Y cómo lo hacen? Viviendo una vida ascendente caracterizada por la vuelta a los básicos. Y ahora sí, nos metemos de lleno en sugerencias para hacerlo. ¿Sigues conmigo?

Haz tu vida ascendente

Vivir es mucho más que sobrevivir.

RICHARD BACH

¿**C**onoces la historia de las ranas? Cinco ranas apostadas en un puente. Dos deciden tirarse, ¿Cuántas quedan? Cinco, ya que aunque dos decidieron hacerlo nunca lo ejecutaron.

Elección sin acción es alucinación. La gran tentación para la mayoría de las personas es quedarse en la información o, como mucho, en pensar y debatir sobre diferentes ideas. ¡Cuesta tan poco estar de acuerdo con algunos planteamientos! ¿Dónde está la diferencia? En desplegar un compromiso sistemático y coherente con la acción personal, con esa que está al alcance de cada uno de nosotros. Recuerda que optar por las energías ascendentes es una vuelta a los básicos, a esas oportunidades que se nos presentan todos los días.

Un día de trabajo ascendente

¿Qué tal si recreamos un día de trabajo realista, que no real, alimentado con energías ascendentes? Sin ánimo de ser precisa, te propongo algunos experimentos para que explores cómo impregnar de esta energía tu día a día profesional. Son solo sugerencias prácticas basadas en lo que les sirve a muchos de los directivos con los que trabajo. A ti te corresponde elegir con cuáles quieres probar.

* *Momento llegada*: al comienzo de tu día laboral tienes una gran oportunidad de inyectar un poco de serenidad, de paz. Esta bajada de revoluciones consciente desactiva tu modo automático, prepara un estado de mayor quietud y te hace más eficaz. Por ejemplo, si vas en coche prueba a parar unos segundos –¡incluso un minuto!– cuando aparques. En lugar de salir rápidamente del coche, casi con prisa, establece esa parada. Pausa. Si vas en transporte púbico o caminando puedes hacerlo antes de cruzar el umbral de la oficina. Si teletrabajas, párate antes de sentarte frente al ordenador. ¿Y qué se hace durante esos segundos? Nada. Si te cuesta mucho no hacer nada prueba a practicar unas tres respiraciones nasales. Boca cerrada, inspira por la nariz dos o tres segundos, sostén el aire unos dos segundos –¡sigues con la boca cerrada!– y completa expirando por tu nariz durante tres o cuatro segundos más. Repite esto tres veces. Y quizá, si te atreves a poner la guinda al pastel, podrías concluir tu momento llegada eligiendo una palabra que sintetice la intención con la que quieres vivir tu día: «Determina-

ción», «alegría», «innovación», etc. La que tú quieras. No se la digas a nadie, tan solo respírala. Para experimentar beneficios, sé disciplinado y mantén esta práctica –parar, respirar nasalmente y elegir tu palabra– durante unos 15 días. ¡Ya me contarás qué tal!

- *Momento saludo*: ¡qué importantes son las primeras interacciones! Por ti y por el otro. Mira a los ojos, di buenos días con tu estilo y sé consciente del impacto de tus palabras. Félix, uno de esos ejecutivos con los que apetece mucho estar, excelente profesional y persona extraordinaria, suele saludar por las mañanas a su extenso equipo con un mantra: «Buenos días en el paraíso y aquí estoy mejor que en brazos». Imagina el impacto en los que escuchan. ¿No es genial?

- *Momento recarga*: este no es más que un mantenimiento del anterior. Muchas veces la gente me comenta: «Sí, perfecto el comienzo del día, pero a las 10:30 h de la mañana ya se me ha ido toda la tranquilidad». La solución es obvia: ¿qué tal si en lugar de meter ese momento parada solo al llegar lo introduces varias veces al día? Es como beber un vaso de agua para hidratarte, los momentos de parada oxigenan tu mente y te conectan con esa quietud que facilita todo lo demás: discernir con claridad, tomar mejores decisiones, ser más creativo, etc. Hay quien se pone una música en el móvil que salta de vez en cuando, o un *post-it* en sitios estratégicos o lo que a ti te sirva. Mi colega, colaborador y amigo Mario tiene un término propio para esta práctica, lo llama «Momentos DPA» (Momentos de Desconexión por Aburrimiento), tres minutos en blanco de cuando en cuando. Busca tu propia fórmula para mantener esa serenidad, ratitos a solas contigo mismo que hagan emerger la paz que llevas dentro.

- *Momento música*: es una variante extensa del *momento recarga*. Se trata de abordar determinados momentos del día escuchando música apropiada, una que te eleve. Al redactar un determinado documento, cuando realizas una tarea mecánica, si quieres inducirte un estado de ánimo, etc.

- *Momento escudo*: ¿te suena familiar esta situación? Te cruzas con alguien y te dice: «Qué horror de lunes». Tentación, dejarte contagiar por esa negatividad. ¿Alternativas? Mirarlo a los ojos con mucho amor, con profundidad, sin juicio... y regalarle una sonrisa. De alguna forma es casi como tenderle una mano para salir de ahí. Recordarle, sin decirle nada, que existe la posibilidad de disfrutar del día. Se lo dices al otro y te lo dices a ti. Con este comportamiento eliges que no te afecte su comentario y a la vez emites la fragancia que tú quieres para el entorno. Como líder eres un creador de ambientes, no lo olvides.

- *Momento agenda*: te sientas delante del ordenador, miras tu agenda y sin darte cuenta sientes un pequeño nudo en el estómago: «¡Qué barbaridad!», «no me da tiempo», «esto es tremendo» o similares son una muestra de algunos de los pensamientos que te pueden visitar. Como diría mi colega Paco Soler, ¡cambia el chip!, deja fuera estos pensamientos y mira tu día con valentía. Acuérdate de que sacar tu sabiduría tiene mucho que ver con el paso a la práctica con, por ejemplo, llenar tu día con aquello que consideres de más valor. Observa tu agenda sin dejarte absorber y pregúntate: ¿qué es lo que realmente quiero priorizar para mi día? ¿Es realista? Si la respuesta es afirmativa, fabuloso. Si dudas trata de reagendar algo que dependa de ti. Si lo haces a primera hora, mejor. ¡Hay tantas cosas que pueden esperar! Es pasar del «¡menudo día!» al «elijo enfocarme en...». Adicionalmente recuerda que es una buena práctica a la hora de configurar tu tiempo dejar espacio para imprevistos; la vida te demuestra que es lo realista. Si notas que de un tiempo a esta parte estás muy «apretado», reserva espacios dentro de tu agenda para sorpresas y, un clásico, ¡no solapes reuniones! Me viene a la cabeza el caso de un CEO que dirige una organización de más de diez mil personas, que es realmente disciplinado dejándose media hora entre reunión y reunión, y me consta que no le sobra el tiempo. Cierto es que su asistente se encarga de blindarle la agenda y a la vez él está muy determinado a proteger estos espacios para hacer que su día no solo sea más eficaz –toma decisiones de alto impacto desde la serenidad–, sino para realmente poder disfrutar de esta etapa profesional.

• *Momento correo electrónico*: no sé cuántos correos recibes al día: ¿10?, ¿25?, ¿100?, los que sean... En lugar de pensar «¡qué agobio, no me da tiempo a contestar!», tal vez podrías internamente agradecer que se cuenta contigo, ¡existes, cuentas, tienes voz! Tu aporte no es neutro, por eso estás en esos correos, aportas valor. ¿Amas lo que haces, quieres que los temas avancen? Probablemente sí. Conectado a ese estado organiza tu bandeja de entrada: ordena por relevancia –clientes, otras áreas de la empresa, jefes... ¡tendrás tu método!–; mira qué es realista contestar y ponte manos a la obra. Tan importante es contestar como elegir el «cómo» y el «desde dónde» quieres hacerlo, qué energía quieres inyectar en ellos. Sabes de sobra que esto no es inocuo. Por ejemplo, al responder correos me gusta sugerir que, con la personalidad de cada uno, antes de pedir algo, comiences con un saludo inspirador, una palabra de aliento, un guiño... Si enfocas los correos electrónicos así casi siempre se transforman en algo más ligero y eficaz. Además, el escribirlos no será un mal menor. Por último, estaría bien que sopesaras si es necesario tomar alguna decisión para que sea más equilibrada la gestión del volumen que manejas: explorar qué delegar, adaptar el cuándo contestar, gestión de urgencias, etc.

• *Momento primera reunión*: ¡Qué momento tan interesante! Puedes entrar en tu primera reunión del día diciéndote internamente «a ver qué toca ahora», pero también puedes plantearte una pregunta en tu cabeza: «¿qué faceta mía voy a mostrar para que esta reunión sea útil?». Totalmente distinto, ¿no? Si la lideras, asegúrate de que se centre bien el objetivo. Si estás en un papel más secundario, asegúrate de que con tu escucha, con tus silencios, con tus preguntas o matices, etc. estás contribuyendo a que la reunión sea lo más útil posible. Si era informativa, que de verdad se hayan entendido los temas; si era decisoria, que queden claras las decisiones tomadas, compromisos, fechas, responsables, etc. Sé limpio, actúa con pureza diciendo lo que piensas, preguntando lo que no esté claro o dando tus ideas. Si optas por vivir tu primera reunión con energías ascendentes tendrá un impacto, te des cuenta o no, en el resto de tu día.

• *Momento descanso*: ¿con quién te juntas para tomar café? No te digo nada que no sepas. Hace años oí decir si en la máquina del café se juntan dos pesimistas ya tienes 11, dos palitos, y si se juntan tres tienes 111. ¡Rodéate de buena compañía! Es tan tan importante. No juzgues a nadie y a la vez acércate a quienes creen contextos de abundancia. Si quieres que salga tu parte disfrutona, asegúrate de que cuando mires a tu alrededor te encuentres con gente que abraza la vida, que en sus vaivenes –subidas y bajadas– opta por sonreír, por apreciar lo que tiene, por aportar en los proyectos, por vivir con intensidad, etc., en lugar de aquellos que por el motivo que sea se agarran a un victimismo estéril instalándose en una queja perenne nociva y contagiosa. ¡Ah! Y si critican a alguien, no sigas la corriente. Acuérdate de lo que el búho le decía Bambi: «Si cuando hablas no has de agradar, harás mejor con callar». Y si no puedes parar la conversación, opta por irte a otro sitio. ¡Ojo! De otro calado es la crítica constructiva, el que saca temas delicados, con mayor o menor acierto, al tiempo que toma un papel activo al respecto. Criticar por criticar ensucia, resta pureza. Si quieres volver limpio del café y no cabreado con el mundo o con la mochila pesada por cosas que has dicho sobre otros, haz que tus descansos estén bañados de energía ascendente.

• *Momento error*: ¡has metido la pata en algo! ¿Conoces a alguien perfecto? Yo no, y probablemente tú tampoco. Ante los errores, reconocerlos con celeridad, y luego no queda otra que buscar soluciones. En lugar de fustigarte, decirte algo así como «me equivoqué, punto», y a mirar hacia delante. En el corto plazo conviene poner foco en minimizar el impacto del traspiés y en el largo establecer lo que sea menester para evitar que ese error se reproduzca en un futuro. Una directiva compartió conmigo que cuando despachaba con su equipo tenía un pequeño protocolo ante los errores; siempre les hacía las tres mismas preguntas: ¿qué ha pasado?, ¿qué has hecho para solucionarlo?, y ¿qué vas a hacer para que no se repita en un futuro? Remataba con una pequeña conversación en la que se aseguraba de poner en valor algo concreto que habían aprendido con la situación, cómo se habían reforzado. Eso normalizaba los errores, limpiando cualquier conato de energía descendente –ego, inseguridad, ira, etc.–. ¡Qué potente es en un equipo establecer una sana cultura del error!

Otra cosa distinta es el error repetido en el tiempo; ahí el fallo está en otro sitio. Si eso es lo que te encuentras, quizá podrías preguntarte a ti mismo: «Como líder, ¿qué estoy haciendo o dejando de hacer para que esto vuelva a aparecer?». Tal vez sea un tema de comunicación o de capacidad o de una decisión que tengas que tomar. Sea lo que sea, no huyas de ello. Si no, tarde o temprano reaparecerá, con tu consecuente irritación.

- *Momento conversación imprevista*: estás en medio de una vorágine de trabajo, se te acerca un compañero y comparte contigo un tema delicado. Captas que hay algo más, lo escuchas con interés genuino, de persona a persona, de ser humano a ser humano. Evitas cualquier resistencia interna tuya del tipo «con la de temas que tengo que resolver». Le das prioridad, te importa de verdad lo que le pasa.

  Generas vínculo y, con generosidad, eres capaz de ver más allá de la superficie y compartes tiempo con él. Mientras escuchas metes en la conversación mucho amor, pureza y sabiduría. Lo haces con honestidad, no buscas nada y, aun así, en algún momento la vida te lo devolverá.

- *Momento jefe te llama*: quizá puedas pensar «¡otra vez!» o «no puede vivir sin mí», u otro pensamiento primo hermano de los anteriores. Sabes que no te lleva a nada anticiparte negativamente a las situaciones, vences esas resistencias tuyas. Deja de rumiar esos pensamientos, no te llevan a nada bueno. En lugar de eso, ¿qué tal si llevas a tu consciente cómo su confianza te hace crecer y os aportáis valor mutuamente? Disfruta de tu posición, de tu relación con él. Agradece. De hecho, esta vez te llama para involucrarte en ese proyecto que llevas tanto tiempo deseando. Lo celebras. Y si no fuera así, lo celebras también

- *Momento cliente*: hay una urgencia, bomba, algo se ha roto o un tema caliente. Tienes muy interiorizado que te debes a tus clientes, lo que técnicamente se llama mentalidad cliente. Siempre has ido más allá de lo evidente, dejando clara tu vocación de servicio e intención de superar las expectativas. Escuchas con mucha atención no solo lo que te dice, sino lo que subyace debajo: ¿qué es lo que realmente necesita este cliente? Desde ahí operas, sabiendo que servicio no es servilismo. Que el amor a tu trabajo te lleve a entregarte a tus clientes o que el amor a tus clientes te lleve a entregarte a tu trabajo –¡lo que más resuene en ti!–, al tiempo que estableces ciertos límites con claridad y determinación. Eres un maestro creando relaciones sólidas, esas que son de mutuo beneficio y se mantienen en el tiempo. Fidelizas. Lo haces desde la serenidad ganando, si cabe, más confianza por su parte.

- *Momento celebración*: ¿alguna buena noticia? O la tienes o la creas. Igual que el maestro aparece cuando el alumno está preparado, encontramos qué celebrar cuando activamos nuestro modo apreciativo. Un proyecto acabado, un acierto de un colaborador, una buena idea en una reunión, una noticia de prensa, una palabra de ánimo, un reconocimiento para otra área, un trabajo bien hecho, una rectificación, un «somos la caña, porque sí», un error del que os reísteis, etc. ¿Cuándo fue la última vez que celebraste algo en el trabajo? Inyecta esta energía del disfrute proactivamente.

- *Momento final del día*: ¡a empaquetar! Revisas lo que has hecho, lo pones en valor. Sientes satisfacción por haber contribuido a que el día sea más rico. Tu energía ascendente ha tenido un impacto positivo en los demás y en ti mismo. ¡Más días así! Antes de irte a casa dejas una pequeña lista, a modo de borrador, para que te ayude a priorizar dónde te vas a centrar al día siguiente. Y, de cuando en cuando, *momento compañeros*. Exploras compartir informalmente tiempo juntos. Todo esto dentro del sentido común, del estilo de vida de cada uno, del equilibrio en casa, etc. Sin obligación alguna, tan solo buscando otra forma de disfrutar.

Reuniones ascendentes

Este es uno de los clásicos. ¿Cuántas reuniones tienes al día? ¿Y a la semana? ¿Qué te parece si usamos nuestro microscopio particular para ver en detalle algunas de las oportunidades que tienes para vivir tus reuniones con energía ascendente? Es posible que ya practiques alguna de estas sugerencias u otras similares. Son pequeños detalles que suelen marcar la diferencia, recuerda que esto va de volver a los básicos. ¡Ahí van!

- *Primero*. Antes de entrar dedica algo de tiempo a preparar tu estado. Es decir, cómo quieres vivir esa reunión: tranquilo, constructivo, etc. Antes de entrar en la sala, virtual o presencial, experimenta este estado. Por ejemplo, piensa en la palabra que sintetice cómo quieres vivirla, ponla en tu pantalla mental y «respírate la». Es decir, combina unas cuantas respiraciones nasales con esa palabra en tu consciente. Como alternativa puedes rescatar alguna situación o imagen que te haga conectar con ese estado que quieres traer para tu reunión: pensar en un ser querido, en algo que te arranque una sonrisa o en lo que te motiva de tu trabajo suelen ser buenas opciones. El objetivo es que no solo lo pienses, sino que tu cuerpo empiece a sentirlo: paz, ilusión, fuerza, serenidad... ¡Lo que sea!

Alguien podría argumentar: «No tengo tiempo, voy atropellado, salgo de una reunión y la siguiente ya ha comenzado. Además, díselo a mi jefe». ¡Quién soy yo para contraargumentar! Si este es tu caso, mi sugerencia es que, de cero a cien, empieces a aplicar esto en aquellas reuniones donde sí te sea posible. No sé si será en un diez por ciento, en un quince o en un cuarenta. Según vayas experimentando los beneficios probablemente irás encontrando la manera de aplicarlo al resto.

• *Segundo.* Al comenzar, sé explícito respecto al objetivo de la reunión, dilo en voz alta: «Desde mi perspectiva, el objetivo de esta reunión es compartir información de...»; o «estamos reunidos para tomar una decisión sobre... ¿estamos de acuerdo todos?»; o «queremos entender los requisitos de seguridad para avanzar en el proyecto x del que se beneficiarán quinientos empleados»; o «queremos saber dónde estamos en este tema que es clave para el despliegue de este ciclo estratégico». Si puedes, vincúlalo a negocio. Sé claro al respecto, asegura el foco común; casi todos lo agradeceréis.

¿Y qué ocurre si tú no lideras la reunión? Te sugiero que con elegancia observes si quien convocó centra el objetivo, si lo hace perfecto. Si no, con mucha elegancia y teniéndole en cuenta, toma la iniciativa. Por ejemplo:

«Disculpadme, sé que es obvio y a la vez quizá nos ayude comenzar recordando el objetivo de esta reunión, que es...»; o «como dice en la convocatoria, el objetivo de esta reunión es..., ¿algo que añadir?». No minusvalores el poder de estos básicos: centrar el tiro al comienzo de tus reuniones les da un plus de utilidad, de que van a servir para algo, que es un signo de liderazgo.

• *Tercero*. Da tu opinión con valentía. ¿Te acuerdas de que hablábamos de la pureza? Di lo que piensas, que no haya dobles agendas o interpretaciones. Eso sí, dilo de forma constructiva. Si notas que se está evadiendo un tema relevante, sácalo. ¡No hay nada más desesperante que asistir a reuniones en las que lo que mueve la aguja se relega al pasillo! Cuando esto ocurre, ese foro poco a poco acaba convirtiéndose en algo burocrático. Si quieres que las reuniones a las que vas sean más productivas, supera la pereza de intentar entender la perspectiva de otros y aporta tu punto de vista. Facilita la labor de tus compañeros. Si notas que caes en viejos patrones, como asumir lo que el otro piensa, diluir la responsabilidad entre muchos asistentes o lo que sea, ajusta tu comportamiento. Si algo te incomoda, exprésalo con las palabras adecuadas. Observa el conjunto. En algunos equipos es habitual que alguna persona tome un papel silencioso, de bajo perfil. Si es un silencio activo −escucha atenta o estar de acuerdo con lo que se decide−, perfecto. Si el silencio de esa persona es fruto de ciertos roles o etiquetas, desafíalo con suavidad: «Fulano, me encantaría saber cuál es tu punto de vista respecto a...»; o «para tener una perspectiva más completa de la situación creo que es oportuno escuchar la voz de todos los que estamos aquí». Como dije hace unas líneas, conviértete en un facilitador. Facilita, facilita, facilita. ¡Qué gran palabra!

- *Cuarto.* Toma decisiones o contribuye a que se tomen, incluso si con elegancia toca empujar un poco. Si la reunión es para decidir algo, asegúrate de que tomáis decisiones concretas y avanzáis. ¿Te acuerdas de que uno de los básicos es el amor? Amar aquello que haces te empuja a querer progresar, a impulsar los temas, a que los objetivos se cumplan, a que las cosas pasen. Liderar implica sacar el lado ejecutivo, ¡ejecutar! Con gentileza y mucha determinación, contribuye a que así sea. Antes de la reunión, pon foco en que los asistentes lleguen preparados –documentación, conversaciones previas, etc.– para poder tomar las decisiones que os marquéis. ¡Y que los convocados sean los adecuados para poder tomarlas! Explicita las decisiones a tomar, genera un debate sano, ten presente el impacto en los objetivos, mide el grado de avance, analiza lo que haya que analizar y, llegado el momento... ¡toma la decisión o contribuye a que quién la tenga que tomar la tome! Sé determinado. Una vez tomada, compártelo en voz alta, que quede claro lo que se ha decidido. Hay algo muy cansino que ocurre en algunos equipos que es volver a los mismos temas de manera recurrente, no rematar. ¿Motivos? Múltiples, aunque uno de los más comunes suele ser la falta de transparencia con la decisión tomada: en el fondo no estoy de acuerdo y busco otras vías, no me atrevo a decir lo que realmente pienso, no estoy dispuesto a asumir las implicaciones de la decisión, etc. Mi sugerencia es que te armes de paciencia, te anticipes y saques todas estas cuestiones al final de la reunión para que deis pasos en firme. ¡Eso es sabiduría!

- *Quinto.* Elabora un buen cierre. En primer lugar y para tranquilidad de todos, vuelve al objetivo y pon en valor que se haya cumplido: «Tal y como nos marcamos, hemos compartido perspectivas respecto a...», o «hemos tomado esta decisión», o lo que toque. ¡Ojo si no ha sido así, sopesa convocar de nuevo! Después de explicitar de manera colectiva el cumplimiento del objetivo, marca los pasos siguientes asegurando que quedan claros los responsables y las fechas. Aquí hay una oportunidad ascendente que no siempre se aprovecha: conversar y decidir qué se va a comunicar de todo lo hablado, cuáles son los mensajes principales y a quiénes se va a informar –a veces será a una persona, a equipos concretos o a toda una organización–. Es tremendamente potente el asegurar que haya alineamiento en la comunicación.

- Y, por último, de manera ágil genera un pequeño *feedback-feedforward* de la reunión. Disculpa el anglicismo, ¡es que refleja muy bien lo que quiero señalar! Vamos, que os digáis qué ha funcionado y, sobre todo, si hay algo importante que queréis cambiar de cara a una siguiente reunión. No se trata de ser precisos, sino de implementar la mejora continua. También es una grandísima oportunidad para agradecer con honestidad lo que ha funcionado en la reunión: alguna contribución, la actitud con la que se ha vivido, la valentía de algún punto de vista, etc. De alguna manera, ¡tu reunión habrá sido distinta!

Conversaciones ascendentes

Me gustaría comenzar aclarando qué entiendo por *conversar*. Para ello me voy a apoyar en la etimología de la palabra. De una parte, tenemos el prefijo *con*, es decir, conversar es algo que hacemos junto a otro, con otro. Por otro lado, la raíz *versare* tiene que ver con girar, dar vueltas o, en sentido figurado, estar involucrado. Conversar es involucrarse con el otro, es crear un espacio compartido de encuentro, de relación. Y esto me lleva a la siguiente pregunta: ¿para qué conversar? El ser humano vive en una trama de relaciones. En palabras de Aristóteles, es «un ser social». Somos hijo de, hermano, amigo, colaborador, compañero, jefe, padre, madre, etc. Estamos inmersos en una trama de relaciones. Liderar tiene mucho que ver con hacer que en esas relaciones el «nosotros» sea mucho más que el «tú más yo». ¿Y cómo se hace eso? Con conversaciones auténticas en las además de ser yo mismo aprendamos y crezcamos mutuamente. Por eso es importante desarrollar el arte de conversar.

Conversar es encontrarse con el otro, comprender lo que piensa y siente, y hacerlo desde una mirada amorosa que mueva a ambos hacia su mejor versión, hacia que las cosas pasen y los temas avancen. Las conversaciones potentes y movilizadoras están bañadas por energías ascendentes. ¿Cómo preparar una buena conversación? Se ha escrito mucho sobre cómo tener conversaciones efectivas. De nuevo, no tengo la receta mágica, pero sí quiero compartir algunas pautas de lo que he visto que sirve cuando se prepara una buena conversación, así como sugerir una estructura para maximizar las probabilidades de éxito cuando tengas esa conversación en la vida real.

Cinco pautas que puedes tener en cuenta cuando prepares tus conversaciones:

- *¿Primera pauta?* Esta ya lo conoces: ¡prepara tu estado! Similar al que sugerimos para tus reuniones ascendentes. Incluso me atrevo a afirmar: prepárate para preparar. Es posible que hayas oído que hay varias conversaciones simultáneas. La calidad y la hondura de la conversación exterior depende de la serenidad de la interior que la precede. Y aquí es cuando nos volvemos a encontrar con el básico de la paz. Para preparar bien una conversación, tranquilízate, no lo hagas en caliente. Descansa, haz deporte o toma distancia para lograr el desapego suficiente que te permita ser lo más efectivo posible. El fuego no se apaga con fuego. Aquello que experimentes por dentro, de una manera u otra, saldrá hacia afuera.

- *¿Segunda pauta?* Tu intención. En otras palabras, contéstate de manera honesta a la pregunta: ¿para qué quieres tener esa conversación? ¿Hacia dónde quieres movilizar al otro? Las intenciones potentes son aquellas que ponen el foco en transformar energías descendentes en ascendentes. Por ejemplo, si un colaborador ha bajado su desempeño en los últimos tres meses, ¿cuál podría ser tu intención cuando converses con él? Podría ser «darle un toque»... Mmmhhh, no es muy inspirador, ¿verdad? O «entender qué está pasando para que se ponga las pilas». Ya vamos mejor. E incluso podría ser «entender qué está pasando, apoyarlo para que cambie y que extraiga aprendizajes que le sirvan en el futuro»; en versión sintética, «contribuir a que crezca, ahora y más adelante».

- *¿Tercera?* Explicita tu objetivo, ¿qué te gustaría que pasara cuando acabe la conversación? Por ejemplo, «me gustaría que interiorice mi percepción de su desempeño», o «quiero que tenga una foto clara de la situación actual, así como de las palancas para cambiar». Fíjate, la intención depende de ti, con qué actitud quieres vivir la conversación. Sin embargo, el objetivo depende no solo de lo que tú hagas, sino de cómo el otro lo viva. Además, me gustaría que además del objetivo racional –qué quieres que pase–, le des una pensada al objetivo emocional, es decir, cómo quieres que la relación se quede desde este punto de vista: con la confianza fortalecida, con sensación de seguridad a la vez que reto, etc. A veces conviene hacer un diseño de un proceso de conversaciones y ser modesto en cada objetivo para ir paso a paso.

- *¿Cuarta pauta?* Piensa en los hechos relevantes que quieres compartir teniendo en cuenta tu intención y los objetivos racionales y emocionales que deseas alcanzar. No es casualidad la palabra usada: relevantes. ¿Cuáles son los hechos que es necesario compartir para poder orientar la conversación con la intención adecuada y hacia los objetivos que se persiguen? No se trata de ser exhaustivo con los detalles, muchas veces menos es más. ¡Qué gran verdad! ¿Qué datos puedes utilizar para ilustrar lo que quieras compartir? Por ejemplo, en el caso de la bajada del desempeño, podría ser el retraso objetivable en uno de los proyectos estratégicos, así como su impacto económico.

- *¿Y la quinta?* Es una obviedad y a la vez, de vez en cuando conviene tener muy presente de qué no se quiere hablar. No dejar que la conversación vaya por derroteros que llevan a callejones sin salida. De qué no voy a hablar, dale una pensada *a priori*. Así, de forma elegante puedes reconducir el tema si se tercia.

Estructura sugerida para que tus conversaciones sean ascendentes[4]:

- Con tus propias palabras comienza compartiendo el para qué de esa conversación. Si preparaste tu estado y tienes una intención transformadora, será un buenísimo punto de partida. Para inyectar energías ascendentes no solo es importante lo que dices, sino cómo y desde dónde lo dices. Comienza esta conversación con serenidad y muchas ganas de contribuir).

- Después puedes pasar a explicitar los hechos más relevantes. Sabes que una conversación es cosa de dos, respetas profundamente la libertad del otro y a la vez, con sencillez, compartes el foco y los datos que lo sustentan. Tu corazón es honesto, está limpio. ¿Te acuerdas de cómo miran los ojos de los niños? No tienes nada que esconder, eso te lleva a liberarte de tus miedos. Por cierto, ¡aviso a navegantes! Da datos, no opiniones; primero datos.

- A continuación abre un espacio genuino de diálogo. Puedes compartir cómo estás viviendo la situación. Comienza abriéndote tú. Por ejemplo: «Me siento impotente. Como te dije al principio quiero hacer evolucionar la situación y no sé qué hacer». ¡Di cómo te sientes tú, no el otro! Este matiz es muy importante, si hablas de cómo se siente o de lo que piensa el otro, te arriesgas a meterte en una

---

4 Ni que decir tiene que no hay una sola estructura que funcione; ahora bien, sí que es cierto que la mayoría cumplen una máxima: el orden que sigas no es conmutativo. Por eso conviene comenzar con tu intención.

dinámica descendente poco productiva. En general a la gente le molesta mucho que le digas cómo se siente o lo que piensa.

- Luego, con mucha atención, escuchas e incorporas el punto de vista del otro, sin etiquetas, con interés y desapego. ¡Que no sean dos monólogos cruzados, sino un intercambio real! La ignorancia lleva a la ira, el conocimiento a la paz. Cuando realmente cada uno sepa y sienta donde está el otro estaréis preparados para explorar cómo podéis evolucionar la conversación.

- ¿Pasos a dar, alternativas? Ahora entras en la fase creativa, si en la anterior ha habido un buen entendimiento probablemente la disfrutareis, ¡es el camino para la acción! Iniciáis otro pequeño diálogo para compartir ideas, expresar posibles siguientes pasos, proponer qué puede ser diferente para finalmente elegir algún compromiso y, reafirmando parte de lo bueno que haya pasado, cerrar la conversación.

¡Momento síntesis! A modo de resumen o chuleta sencilla he hecho una tabla con todas las pautas para la preparación de conversaciones ascendentes –¡un titular de cada una!–, así como la estructura sugerida para tener estas conversaciones. Si te animas puedes incluso elegir una conversación de las que quieras tener y usar este esquema para darle una pensada.

- Prepara tu estado
- ¿Para qué esta conversación?
- Objetivo racional y emocional
- Identifica hechos relevantes
- Sé consciente de qué no quieres hablar

Conversación

Paso 1	Intención	
Paso 2	Hechos relevantes (datos)	
Paso 3	Diálogo (Cómo te sientes tú)	
Paso 4	Completar (Incorpora perspectiva otro)	
Paso 5	Alternativas Compromisos Cierre	

Rogers, pensador humanista de referencia, escribió una frase a la que recurro con mucha frecuencia: lo más personal es lo más universal. Hay un hilo común que nos cose a todo hombre y mujer, y a estas alturas de mi vida, después de haber interactuado con miles de personas de los cinco continentes, creo todavía más en su afirmación. Cuando vas a lo esencial, más terreno común aparece. Y este libro va de eso, de la esencia. Aun así no se me escapa que cada conversación es un mundo, depende de cómo nos pille, del interlocutor y del contexto, entre otras cosas. Por eso quiero compartir algunos matices de la estructura anterior según los diferentes tipos de conversación:

- *Conversaciones pendientes.* ¡Qué te voy a decir a estas alturas que no sepas! Tener una conversación pendiente es como llevar una piedra en la mochila, te pesa y te acompaña a todas partes: cuando te despiertas, cuando estás en el trabajo, con amigos, en tus comidas, de fiesta... se mete hasta en tu cama. Te impide estar limpio. La pregunta que tengo para ti es: ¿qué tiene que pasar para que, de una vez por todas, tengas esa conversación? Muchas veces no se tiene por no saber cómo enfocarla de manera constructiva. Si es tu caso pon foco en preparar tu estado más que nunca –siente tu yo pacífico, tu amor hacia la otra persona, en que ese proyecto evolucione, vuelve a tu sencillez, etc.–, y desde ahí encontrarás la manera. Quizá también te convenga recordar que la no conversación es otra conversación, ¿qué están gritando tus silencios? ¿Es eso lo que quieres? El silencio es un espacio creativo donde puede emerger lo mejor... sí tú te encargas de que ocurra.

- *Conversaciones de feedback-feedforward.* ¿Quieres plantear de verdad una conversación para que el otro crezca, para generar un cambio, o aunque digas eso inconscientemente lo que quieres es leerle la cartilla? Si lo que realmente quieres es provocar un cambio, resulta clave tu mirada sobre la otra persona. De forma auténtica pon en valor sus logros, no como técnica apreciativa, sino sintiendo como esas fortalezas que tiene le pueden ayudar a evolucionar. Es importante ser preciso y mostrar lo que no se quiere, y a la vez hacerlo desde un estado que genere confianza en el otro para cambiar. Sin entrar en detalle un ejemplo podría ser: «Quiero contribuir a que seas una profesional excelente, aquí o donde tú quieras en un futuro. Desde ese punto de vista, ¿qué funciona ya? [...] Y a la vez, en estos temas [...] no estamos donde tenemos que estar. Hay cosas que ya no tocan, no es de recibo [...]». Es decir, para que tu conversación sea ascendente pon foco, siendo muy claro en lo que hay que cambiar, en que la persona sienta su propia fuerza.

- *Conversaciones para resolver conflictos.* Resolver un conflicto es cosa de varios, quizá lo primero que hay que hacer para maximizar las posibilidades de que ocurra es aceptar que tal vez no se resuelva. De alguna manera esto es aceptar que el otro es libre para elegir y, cuando se sienta mirado de esta manera, estará más receptivo. Lo siguiente que quiero matizar es que un conflicto no se resuelve desde el mismo nivel de conciencia que se creó, hay que elevarse. Dejar atrás el paradigma batalla, que implica ganadores y perdedores, para construir un terreno común en el que, de una manera u otra, todos crecen. Al definir los objetivos, el foco no conviene que esté es una negociación transaccional, sino en la creación de un espacio compartido.

Ese fue el enfoque que le di para desatascar el reparto de una herencia entre dieciséis personas –segunda y tercera generación, cuatro ramas familiares–, que llevaba veinte años enquistado. No era solo el tema económico, sino un nudo emocional lo que paralizaba la situación. ¿Dónde había que «subirse»? A honrar a los que ya no estaban, ¿qué hubieran querido ellos? Esa fue la pregunta que repetidamente fui haciendo a cada interesado. La solución no está garantizada. Ahora bien, si una de las partes con limpieza de espíritu trasciende la situación y se pone en otro sitio puede que los otros se suban o no, pero se abre el espacio para que ocurran cosas diferentes.

• *Conversaciones con tu equipo.* ¡Qué importante es mantener buenas conversaciones con tus colaboradores! Muchas veces, un día sí y otro también, me encuentro con el siguiente comentario: «Sí, lo he comunicado al equipo, pero no se acaban de enterar», o «sí, lo saben, pero no actúan en consecuencia». Otra vez voy a recordar una obviedad: comunicar no es transmitir, es asegurarse de que el otro interiorice. Si quieres que tus colaboradores hagan suyo el mensaje, asegura que haya espacio para un diálogo genuino con preguntas abiertas. Por ejemplo, después de establecer el objetivo de un proyecto podrías preguntar: «Esto es tan clave que me gustaría escuchar en vuestras propias palabras qué habéis entendido y, si estamos en la misma línea, cuáles son las acciones derivadas». Después, silencio y escucha. Esta aproximación es muy distinta a «¿está claro que el objetivo es...?». Por otro lado, también te invitaría a indagar sobre qué sienten: «A la luz de lo hablado, ¿qué sentimiento te provoca?». A la hora de configurar el diseño de tus reuniones, da un espacio importante a la parte del diálogo. En general suelo sugerir 20-30 % de exposición por 80-70 % para conversar, interiorizar y decidir.

- *Conversación con tu jefe*, hacia arriba. ¡Qué interesante! Cuando el tándem hacia arriba está engrasado, se da un equipo imbatible en el que se comparte lo que sea con naturalidad: se celebra, se sacan los colores cuando toca, se ajusta lo que sea necesario con agilidad, etc. ¿Consecuencia? Se consiguen resultados, un año sí y otro también. No se ganan partidos, se ganan campeonatos. Y si esa relación está tocada, pasa lo contrario. Se vive en un territorio inhóspito en el que en el mejor de los casos se sobrevive. ¿Mi visión? En general, la gente que está arriba suele estar por méritos propios, gente inteligente y preparada. Si vas a hablar a tu jefe, hazlo desde este contexto, desde lo que él aporta a la organización, desde el contexto de su puesto, etc. Y si eres el jefe al que se dirigen, acuérdate de que, aunque sea muy tenue la línea, siempre serás el jefe. Por tanto, celebra el acercamiento y ¡pónselo fácil!

- *Conversación contigo mismo*. «¡Descansa rápido!», me dijo un compañero de Teleco una vez. Puso todo su amor en el comentario y hoy, treinta años más tarde, todavía me acuerdo. Durante muchos años la premura por aprovechar el tiempo, llenar mi agenda sobremanera e inculcar cierta prisa innecesaria definieron mi quehacer. Hoy estoy en otro sitio. Mi hija de dieciséis años me ha dicho esta mañana de domingo: «Mamá, estoy disfrutando de no hacer nada, de mirar al techo». ¡Qué clave es bajar las revoluciones! Si uno se descubriera diciéndole a su pareja «dime rápido que me quieres», quizá se sentiría ridículo. De la misma manera hay ciertas cosas cuyo ritmo no se puede forzar. Para que emerja una conversación limpia con uno mismo conviene preparar bien el estado interior vaciando lo que haya que vaciar, dejando que poco a poco se desvanezca un ruido externo atronador que enmascara lo esencial.

Después de bucear en qué entendemos por conversar, dar algunas pautas para que prepares tus conversaciones, sugerir una estructura y matizarla en función de algunos tipos de conversación –las pendientes, *feedback-feedforward*, resolver conflictos, equipo, contigo mismo–, me gustaría que explorases la siguiente pregunta: ¿cómo eres tú conversando, mientras conversas? Algunos aspectos a considerar: haz las paces con el silencio, eso te dará presencia, empaque y sentido de la oportunidad; habla despacio, en tono amable y mirando a los ojos, si lo haces así tu escucha se expandirá; interrumpe menos veces, ábrete de verdad y con humildad aprecia lo que te aporta el otro, su punto de vista único y singular. En definitiva, dialoga más allá de las palabras. Si te lo propones puedes ser un creador de experiencias ascendentes. ¡Que quien interactúe contigo crezca casi sin darse cuenta!

Y antes de cerrar este apartado sobre conversaciones ascendentes quiero expresar mi empatía con muchas personas que encuentran este tema «no fácil». Lo sé, lo sé, no es sencillo. Y a la vez la única forma que conozco de mejorar tus conversaciones es, como dice mi amiga y colega Susana, practicar, practicar, practicar. Lo que sí te invitaría a considerar muy seriamente es que evites la ruptura total de la comunicación. Sobre todo si, de una manera u otra, esa relación va a seguir en tu vida profesional o personal. Una cosa es darte tu tiempo para tomar perspectiva y preparar un estado constructivo, y otra romper cualquier canal. Resulta inaudito la de jefes y colaboradores que elegantemente se rehuyen. El final de esas relaciones está escrito, es una crónica de una muerte anunciada, amén del impacto substractivo en el negocio, que a veces es letal. Para mí es un lujo profesional que uno no se puede permitir, una dejación de responsabilidades. ¡Y no te cuento cuando esta ruptura ocurre en el ámbito personal! El efecto emocional, se reconozca o no, suele pasar factura. Por eso merece la pena conversar, es un básico.

Liderazgo ascendente

Si no usamos las piernas durante mucho tiempo, cuando queramos volver a caminar no será tarea sencilla. Como ya comenté en páginas anteriores, el liderazgo básico es una elección personal, una apuesta por entrenar nuestras piernas para que las energías ascendentes estén presentes en el día a día. En las pequeñas y en las grandes decisiones; en el anonimato de un día rutinario –¡quién lo pillara!– y en el brillo de un día singular; en el entorno de trabajo y en nuestro ámbito más personal; en una conversación con un colaborador y en una reunión con otros padres del cole; en un evento de *networking* y en una actividad de voluntariado, etc. Es observar y aprovechar los momentos que nos brinda la vida para crear experiencias ascendentes en las que esas cualidades intrínsecas que están en nuestra naturaleza –paz, amor, pureza, disfrute y sabiduría– se manifiesten en comportamientos y actitudes concretas. Es, como ya he mencionado en varias ocasiones, una vuelta a esos básicos que tenemos grabados en nuestra identidad más profunda.

Bien, pues me quiero entretener en dos aspectos concretos de ese liderazgo ascendente: la flexibilidad y el autodesafío. ¿Por qué? Un entorno cambiante como el actual –¡y sobre todo por el ritmo de los cambios!– demanda un liderazgo flexible que se ajuste, que sepa cuándo entrar y cuándo dar espacio. Y que para hacerlo con éxito tenga incorporada la capacidad del sano desafío, de tal manera que impida acomodarse. Esto no es otra cosa que desarrollar el arte de cambiar de registro según lo que se necesite. Para ejercitarse en esto, a los directivos a los que acompaño muchas veces los invito a que profundicen en la terna guiar, empujar y engrasar. A ver cómo te suena:

- A veces, liderar, facilitar la labor del otro, exige establecer el marco. Es cuando al directivo le toca *guiar*: «¡Por aquí!». Es crear un buen contexto, objetivos claros, criterios de toma de decisión, visión compartida de lo que se entiende por éxito, indicadores..., que marquen la dirección a seguir y, con perspectiva, dar espacio para que otros –del propio equipo, de otras áreas e incluso terceros– den vida a lo que sea. ¿Cuál es el reto? Vivir es abrir juego desde la paz, con tranquilidad. No dejarse invadir por una energía controladora apegada a la propia forma de hacer las cosas: «Yo ya sé lo que funciona y lo que no. ¡No sé cómo pierden el tiempo de esa manera!». ¿Reconoces la energía descendente?

- Otras veces liderar tiene que ver con *empujar*. Bajar al detalle. Estar ahí, aportar ideas, despachar cosas concretas, implantar metodologías, transferir conocimiento, establecer nuevos procedimientos, etc. De esto probablemente sabes mucho. ¡Empujar para que las cosas pasen! El viejo refrán de «el ojo del amo engorda al caballo». A esto lo llamo liderar en T. Tener una visión transversal de todo y a la vez acompañar a saco en un tema concreto que por lo que sea es clave, delicado o estratégico, o la persona que lo lleva no tiene experiencia o por lo que sea toca bajar. ¿Dónde está aquí el desafío? En que esa falta de libertad no provoque el efecto contrario: anule a la gente y la haga pequeña, convirtiéndose en autómatas, dejando de innovar, con menos frescura y perdiendo la capacidad de disfrutar, de valorarse.

- Por último, de vez en cuando lo que hay que hacer es simplemente *engrasar*, dar ligeros toques para aportar valor –facilitar una llamada, compartir un dato clave o posicionar a una persona– y permitir que el sistema vaya solo. El líder no crea los resultados; facilita que se produzcan. Y en este caso, ¿qué hay que cuidar? Que lo que es una grandísima cualidad –dar espacios– no devenga en abdicación. Eso es falta de amor, de respeto a lo que se hace y a la persona. Bien sabes que las cosas con cariño salen mejor. Engrasar es también decir la palabra adecuada en el momento oportuno: reconocer y fortalecer a un colaborador; ayudar a tomar una decisión en un momento crítico; inyectar energía en momento de crisis; cerrar una reunión agradeciendo, etc. Es regar la planta de vez en cuando sin inundarla, pero tampoco dejar que se seque.

Guiar, empujar y engrasar. En función de la situación, el momento y la persona tocará uno u otro. Cuando estás bien sintonizado con tus propias energías ascendentes y no te dejas gobernar por las descendentes –ego, ira, miedos, etc.– desarrollas el arte de adaptarte para utilizar lo que sea más oportuno. Una persona que vuelve a los básicos se mueve con naturalidad de un modo al otro.

El otro aspecto concreto del liderazgo ascendente en el que me quiero parar es el sano desafío, ¿a qué me refiero? A la capacidad de autocuestionarte. Algunos ejemplos:

- Observa con amabilidad lo que piensas, sientes y haces. ¡Como quien se mira al espejo! Sé consciente de la imagen completa de ti mismo y, a la vez, no te quedes apegado a ella. Aunque te cueste reconocerlo, ¿te concentras en demasía en el pasado, en tus debilidades o en tus errores? ¿Cómo sería tu vida si pusieras más foco en generar un cambio positivo con tu jefe, con un compañero, con un amigo en lugar de seguir enredado en lo mismo? ¿Confías, de verdad, en que la situación puede cambiar para mejor?

- Si hoy empezaras tu puesto de trabajo desde cero, ¿qué automatizarías?; para estar al día, ¿dónde quieres ponerte las pilas en IA, en geopolítica, en planificación financiera o en qué?; tú que te conoces bien, ¿dónde aportas valor diferencial?; y sin juzgarte, ¿cuáles son tus inseguridades?; ¿cómo contribuyes a que los demás piensen más?, ¿puedes describir situaciones concretas?... O quizá una vez a la semana puedes pararte y pensar, ¿qué pregunta relevante no me estoy haciendo?

- Una tercera oportunidad para que te desafíes a ti mismo. Está claro que los nuevos tiempos requieren modelos distintos, por ejemplo: el *fail fast*. No sé tú, pero a mí me han educado para no fallar y ahora me vienen con que lo que toca es fallar y aprender rápido, agilidad en las pruebas. Si algo funciona, fantástico. Si no te vas a otra cosa. Y aquí viene el desafío, ¿hasta qué punto me creo eso? Si soy honesta conmigo misma mi cabeza lo «compra». Ahora bien, cuando me pongo a hacer, la palabra excelencia entra en franca competencia con mínimo producto viable. ¿Te puede pasar algo parecido?

Para que tu autodesafío sea efectivo, ten muy en cuenta tus energías ascendentes. Desafíate desde la paz, con la tranquilidad de que nada esencial está en juego, tu verdadera identidad permanece. Con mucho amor, con esa intención de movilizar las cosas hacia mejor, en este caso hacia ti mismo. Recuerda que el amor es movimiento, catalizador del cambio. Con pureza, arroja claridad y llama a las cosas por su nombre. Con disfrute, ¿quién no se sonríe cuando descubre algo de sí mismo? ¡Ay, ay... lo divertido que puede ser toparse con esas cosas que no quiero oír, esas puertas que no quiero abrir y esas preguntas que quiero silenciar! Y, por último, con tu sabiduría cruzarás el puente para pasar a la acción.

Estilo de vida ascendente

Una persona que vuelve a lo básico tiende a llevar un estilo de vida ascendente. ¡O al menos en zigzag! Sabes de sobra que cuando tu autorrespeto está más presente experimentas una fuerza adicional para fomentar tu propio bienestar físico, emocional y mental, e incluso espiritual. ¡Por no hablar de las relaciones! Se han escrito ríos de tinta sobre esto. Voy a compartir contigo la síntesis que he hecho de algunos de mis referentes: el doctor José Manuel Soria, la doctora Isabel Belaustegui, la doctora Lourdes Tomás y la científica-divulgadora Nazareth Castellanos. En ellos cuatro está inspirado lo que aquí comparto.

José Manuel dirige desde el 2006 la Unidad de Genómica del hospital de Sant Pau, uno de los más antiguos de Europa. Es un firme convencido de que nuestra salud en gran medida está en nuestras manos. La medicina personalizada permite aprovechar la información única de cada individuo para anticiparse, modular ciertos tratamientos o acciones y prevenir. Como él dice: «Está en nosotros liderar nuestra salud». Lo que hagamos con nuestro estilo de vida −comer, dormir, actividad física, hábitos mentales, etc.− determina en gran medida nuestro estado de salud o enfermedad. Para entenderlo en palabras fáciles: la genética es tu material, la epigenética es la expresión o no de los genes por efectos ambientales. Es como si jugaras con una baraja de cartas; te tocan las que te tocan, tu ADN y, dentro de ese rango de libertad, la epigenética te permite hacer las mejores jugadas con las cartas que te han tocado. ¡Por eso es importante el autocuidado! ¿A que tendemos a cuidar a la gente a la que queremos? ¡Qué menos que hacerlo con uno mismo! Cuidarse no es más que una manifestación de amor hacia uno mismo. Un estilo de vida ascendente te permite hacer las mejores jugadas para cuidar tu cuerpo, tu mente, tu espíritu y tus relaciones.

• *Cuida tu cuerpo.* Para que lleves un estilo de vida ascendente, de manera sencilla me atrevo a proponerte: come sano, duerme mejor y haz algo de actividad física diaria. Seguro que te suena familiar. ¿Y qué hacer en concreto? ¡Entrenar la flexibilidad de tu metabolismo! Fíjate otra vez aparece la palabra flexibilidad, no creo que sea casualidad. Al comer mejor, estamos más equilibrados y abiertos en general. La doctora Belaustegui da en su último libro *Optimiza tu metabolismo* muchas claves para ello, y no solo de dieta. Como ella afirma, la rigidez metabólica –la capacidad de recurrir al combustible de la glucosa, la proteína o la grasa– subyace debajo de las inflamaciones crónicas, el exceso de peso, la falta de energía o enfermedades tan graves como el cáncer. El nivel «principiante» para recuperar tu flexibilidad pasa por prácticas tan simples como eliminar los procesados, respetar un horario de comidas más regular o elegir elementos más naturales. En el nivel «intermedio» ya te invita a introducir la práctica de retrasar el desayuno o incluir grasas más saludables. El nivel «avanzado» ya te entrena en encender y apagar distintas rutas metabólicas dejando dos comidas principales al día o evitando los alimentos ricos en almidón. Si no tienes tiempo para leer el libro entero, céntrate en las últimas páginas, son autocontenidas. ¡Sé que lo agradecerás!

La doctora Lourdes Tomás, en su libro *Tu salud, tu mejor talento*, también da un montón de pautas. Me parecen especialmente interesantes las relativas al sueño. Además de explicar de una forma muy sencilla y clarificadora cómo funcionan los ciclos de sueño y qué le pasa a tu organismo en cada momento, también da recomendaciones muy concretas sobre cómo «preparar el nido», cómo crear un entorno que maximice las posibilidades de un sueño de calidad –jugar con la luz, con lo que «consumimos» antes de ir a dormir, cómo inducir un estado de relajación, qué hacer y no hacer en los pequeños despertares, etc.–. Si estas pequeñas prácticas las fundamentas con algunos conceptos básicos de neurociencia, todo ello te permitirá conocer cómo estás ayudando a tu cuerpo en cada momento y por tanto probablemente ganarás en efectividad.

Aquí es donde la científica-divulgadora Nazareth Castellanos, con sus múltiples vídeos, cursos, o en especial su libro *Neurociencia del cuerpo*, nos echa una mano. Un ejemplo muy gráfico: cuando recibes el *input* de una palabra, esta tiene un «tiempo de vida» medio en tu organismo de hasta dos horas. ¡Por eso es tan importante lo que leas, veas o hagas antes de dormir para cuidar la calidad de tu sueño! Por cierto, todas ellas, Isabel, Lourdes y Naza, recomiendan actividad física moderada diaria. El qué y el cómo dependerá de las rutinas, gustos y circunstancia particular de cada uno. No se trata de complicarse la vida: caminar media hora, usar menos el ascensor, estirar varias veces al día, etc. Si quieres ampliar sobre los beneficios, José Luis Trejo y Coral Sanfeliu del CSIC lo hacen en el libro *Cerebro y ejercicio*. Y con esta conexión entre cuerpo y cerebro pasamos a ver cómo cuidar tu mente.

- *Cuida tu mente.* Antes de continuar voy a hacer un breve recordatorio de por qué considero que para aplicar un liderazgo básico en tu día a día conviene tener un estilo de vida ascendente. El estilo de vida que lleves te predispone a actuar de cierta manera. Si piensas en la cara de tu hijo sonriendo, en tu último éxito profesional o en esa reunión en la que te has sentido útil, tu cuerpo se pone de otra manera. Si traes a tu mente la pila de *emails* que esperan ser abiertos te viene otra experiencia. Tus pensamientos son como una semilla; tú eliges cuáles plantar. Del mismo modo que después de una comida pesada quizá te cueste pensar con claridad, en función de los pensamientos con los que des «de comer» a tu mente te costará más o menos interiorizar algunas actitudes y, sobre todo, aterrizarlas en tu día a día. Si recurrentemente piensas en la «falta de honestidad de esa persona» o en «que debería colaborar más» o en «lo que tu jefe tiene que hacer y no hace», vas poco a poco gestando un estado interno de irritación –¡energía descendente!– que te predispone a soltar un zasca. Con mayor probabilidad reaccionarás automáticamente a los estímulos que recibas del exterior en lugar de elaborar una respuesta coherente con cómo quieres liderar. Es posible que estés de acuerdo con muchos de los básicos del liderazgo y a la vez te cueste llevarlos a la práctica: sueltas una contestación inoportuna, te precipitas al actuar, dices lo que no piensas o tal vez amplificas las críticas a un compañero en lugar de contribuir con una solución.

Antes compartí algunas sugerencias para que cuides tu cuerpo; ni que decir tiene que tú eliges con cuáles experimentar. Ahora haré lo propio con foco en tu mente.

Hace algunos años, al escribir mi primer libro *Érase una vez una persona que quería vivir mejor...*, me inventé «la regla de los 5 DEDOS», que no es otra cosa que una sencilla herramienta para fortalecer tu mente en el día a día. Nuestra mente es como el viento: no podemos controlarla, pero sí aprender a manejarla. Para tu disfrute y reflexión te he preparado una pequeña síntesis de cada DEDO de esta regla. ¡Ya intuyes que para aprovecharla necesitas un corazón sincero con lo que buscas! Te anticipo que en esta herramienta cada dedo representa un paso. Los dos primeros tienen que ver con asumir una actitud que reme a favor en esto de fortalecer tu mente; el tercero con conocer la naturaleza de los distintos pensamientos –¡qué te fortalece y qué te debilita!–, y los dos últimos, con cómo ir entrenando tu «músculo mental».

DEDO 1: ¡SOY PROTAGONISTA!

En primer lugar conviene ser muy consciente de que cada uno de nosotros somos los responsables de lo que pensamos o dejamos de pensar. Interiorizar esto tiene muchas implicaciones. Nuestra parte racional puede que lo acepte, pero suele ser habitual experimentar resistencias internas, inercias de modelos mentales antiguos, etc. Cada vez que usamos expresiones que ponen el foco en la circunstancia externa («fulano me pone nervioso» o «no quedaba más remedio que...»), no asumimos el protagonismo para liderar nuestras vidas. De alguna manera, implícitamente nos declaramos esclavos de las circunstancias. Asumir tu protagonismo implica elaborar alternativas como «todavía no he aprendido a estar serena con fulano» u «opté por...», honrando ese grado de libertad que te caracteriza. En este contexto, ser protagonista no es un ejercicio de ego; más al contrario se trata de, con humildad, amabilidad y autodisciplina, poner constantemente el foco en lo que depende de ti, en tu parte.

DEDO 2: QUIERO DE VERDAD

Mucho respeto, empatía y comprensión ante situaciones durísimas que la vida presenta. ¡A veces las cosas se ponen un poco cuesta arriba! Hay sentimientos de rabia, dolor, tristeza o impotencia a los que hay que darles su espacio. Ahora bien, cuando nos quedamos ahí y sufrimos en demasía, de alguna forma no queremos cambiar. Podría afirmarse que estamos cómodos estando incómodos. Nos tira lo familiar, ¡esto lo habrás oído multitud de veces! Es importante ser consciente de que querer de verdad implica dar un salto, es un acto de voluntad. Y también ¡hay que armarse de paciencia! Cambiar tu modelo de pensamiento no será inmediato. Seamos honestos: eres una persona de éxito, te va bien, sabes lo que funciona y lo que no. ¿Cuántos años llevas pensando así? ¿20, 30, 50, 60...? La inercia tira mucho. Cambiar tu forma de pensar actual, aunque te traiga beneficios, te va a exigir perseverancia y esfuerzo, aderezados con dosis de humor. Esas risas que te permiten tomar distancia, no darte por caso perdido y seguir progresando. No nos despistemos: la pregunta clave que has de contestarte es ¿quieres de verdad cambiar? Si tu respuesta es afirmativa, ¡a por ello! Si no, no marees más la perdiz, ¿verdad?

DEDO 3: CONOZCO LOS TIPOS DE PENSAMIENTOS

Primer tipo: pensamientos útiles. Son pensamientos orientados a la acción. Piensas en hacer algo y lo haces. Por ejemplo, piensas en llamar a alguien y agarras el teléfono, o te viene a la cabeza un proyecto que tienes que abordar y te reservas tiempo en la agenda para comenzar a trabajar en él. Este tipo de pensamientos tienen un impacto positivo en nosotros, producen satisfacción.

Segundo tipo: pensamientos inútiles. Son pensamientos que no están enfocados a la acción. En general a casi todos se nos cuelan pensamientos de este tipo. Existen varias clases de pensamientos inútiles:

- Querer ir al pasado a cambiar algo que hicimos: «Si le hubiera dicho esto a mengano» o «si hubiera aceptado esa oportunidad hace tres años».

- Adelantar el futuro de forma pesimista: «Voy a hablar con ella, pero no va a servir de nada» o «me va a temblar la voz, me da pánico hablar en público».

- Criticar por criticar, a otros o a ti mismo, sin continuidad de acción: «¡Fulano no tiene arreglo!» o «soy torpe».

- Compararse con otros, ¡ojo! y no estoy hablando de tener referencias sino de eso, de compararse: «Si hubiera nacido en una familia con sus posibilidades económicas» o «no es justo, yo sé mucho más que él y no me lo reconocen».

- Apegarse a que las cosas sucedan como tú quieres y no como realmente suceden: «No entiendo cómo no me pide perdón» o «¡cómo es posible con lo que he invertido en él, que ahora se vaya de la empresa!, eso es ingratitud».

Los pensamientos inútiles provocan frustración, rabia e insatisfacción. Son la antesala de muchas de las energías descendentes. Por ejemplo, entre ellos y que te asalte un ataque de ira, que tu ego te atrape o te invada la amargura, hay una línea muy fina. De hecho, el mecanismo que siguen es muy simple de entender: al no poder actuar sobre ellos se realimentan en tu mente convirtiéndose en el tercer tipo, pensamientos negativos.

Tercer tipo: pensamientos negativos. Son aquellos que generan emociones negativas reales en cada uno de nosotros. Los pensamientos inútiles están en nuestra mente, los negativos en nuestro cuerpo. Al repetir un pensamiento sobre el que no puedes actuar –pensamiento inútil–, entras en bucle y generas experiencias negativas que somatizas en alguna parte de tu cuerpo: te duele la cabeza, acidez en el estómago, cansancio brutal; y además comienzas a estar ansioso, tu estrés se cronifica, etc. Aparentemente no hay ningún motivo, pero el agotamiento te invade. Conviene que sepas que estos pensamientos suelen afectar al sistema inmunológico con el consecuente impacto en tu salud. Esta conexión entre lo mental, lo emocional y lo fisiológico es una de las líneas de investigación en la que estoy colaborando con el doctor José Manuel Soria. ¡Es fascinante!

¿Y cómo salir de este círculo? Ya dimos pistas antes. Por un lado, tú eres el protagonista, eso significa que eres el creador de tus pensamientos. Por otro, tus pensamientos son como una semilla, tienen un impacto en cómo te sientes. Si juntas las dos cosas: blanco y en botella. Si quieres experimentar estados distintos, es evidente que tendrás que poner en tu mente pensamientos diferentes. ¿Cuáles? Los del tipo cuatro y cinco.

Cuarto tipo: pensamientos positivos. Estos pensamientos no versan sobre negar la realidad, rechazar lo evidente o esquivar lo obvio. Pensar en positivo significa reconocer lo que hay con toda su dureza, al mismo tiempo que poner el foco en interpretarlo de tal manera que puedas construir una realidad mejorada. ¡Son los que te permiten ser un transformador cualitativo! Alguien que transforma lo negativo en positivo. Por si quieres revisitarlo, de ello hablamos en el capítulo anterior ¿Qué eliges para tu vida?

Se pueden distinguir varias categorías de pensamientos positivos. Comparto algunos ejemplos, afortunadamente ¡hay donde elegir!:

- Elegir una mirada positiva de la realidad. Situación: cierre de una empresa. Pensamiento positivo: «Se acaba una etapa, sí o sí comienzo un nuevo capítulo. Me voy a dar mi etapa de duelo, ¡me j... pasar por esto! pero a la vez quiero vivir esta situación de verdad, como una oportunidad para renovarme»; en lugar de quedarse aferrado a lo que se ha perdido, buscando culpables.

- Dialogar con tus miedos. Situación: incertidumbre económica. Pensamiento positivo: «Soy fuerte, es un ejercicio de sensatez sentir respeto por el entorno macro, ¡solo hay que escuchar lo que dicen los que saben! Ahora bien, precisamente por eso, me voy a centrar en reducir el riesgo activando...»; en vez dejar que te invada un vértigo paralizante.

- Ponerse en modo contribución. Situación: un amigo no me llama. Pensamiento positivo: «Descuelgo el teléfono y le llamo yo, e incluso le pregunto directamente si todo está bien», confiando en él, en que algo cambiará o no, pero me centro en lo que depende de mí.

- Buscar una pausa interna o externa. Situación: estoy nervioso. Pensamiento positivo: «Cuando estoy atrapado emocionalmente, léase encendido, no voy a hacer nada hasta recuperar la calma»; o «para descargar y llenarme de lo que quiero, voy a buscar breves paradas durante el día. A veces será un paseo, otras escuchar mi musiquita». ¡Esto son los momentos *recarga* de los que hablamos al recrear un día de trabajo ascendente!

- Usar palabras potentes. Situación: llegan a ti comentarios aludiendo a tu falta de escucha. Pensamiento positivo: «Quiero mejorar como líder, esto de la escucha no es nuevo»; o «voy a convocar una reunión conjunta para, con humildad y paciencia, intentar entender lo que pasa. A partir de ahí, ya veré qué pasos seguir». Parece lo mismo, pero no es igual, es muuuuy diferente. Del «tengo que mejorar como líder» al «quiero mejorar cómo líder» hay un paso de gigante: el ejercicio de tu libertad. Fomentar el uso de verbos que te la recuerden, aunque solo sea en tu cabeza (quiero, elijo, me compensa), es pensamiento positivo. Mira este mismo ejemplo en el ámbito personal: del «tengo que hacer los deberes con mi hijo» al «quiero compartir tiempo con él», hay un océano más grande que el Atlántico. ¡No subestimes el impacto de tus palabras!

Los pensamientos positivos no son buenrollísmo, son sabiduría. Incorporarlos es un *game changer* que contribuye a desarrollar actitudes resilientes para buscar soluciones, conseguir resultados y fortalecer a las personas. Si como líder te cuidas de nutrir tu mente con ellos, notarás como ganas en efectividad.

Quinto tipo (¡ya tocaba!): pensamientos diamante. Son un tipo especial de pensamiento positivo. Ponen foco en crear en ti un estado interior que te empodere, que te haga fuerte e impulse tu naturaleza ascendente -paz, amor, pureza, disfrute y sabiduría-. Los inyectas proactivamente. Algunos ejemplos:

- «Soy tolerante», para ser más flexible.

- «Me abro», si quiero incluir.

- Respeto», para evitar juzgar.

- «Sonrío», para fomentar mi disfrute.

- «Soy», da igual lo que pase, «soy».

Los pensamientos diamante producen un estado de plenitud que te predispone a escuchar, aprender de los demás, apreciar y reconocer la contribución de otros. ¡Así resulta mucho más fácil llegar a los objetivos!

DEDO 4: OBSERVO MIS PROPIOS PENSAMIENTOS SEGÚN EL TIPO

Una vez que conoces los distintos tipos de pensamientos es el momento de que te observes a ti mismo con conocimiento de causa. ¡Nunca mejor dicho!, ya sabes de qué va cada uno. Observar, observar y observar. ¡Ahí está la clave! Esta tarea requiere un esfuerzo constante y a medida que practiques te irá siendo más fácil. Es algo parecido a conducir: al principio cuesta estar pendiente de todo; luego, según vas teniendo kilómetros, llega con naturalidad. El objetivo es que para cuidar tu mente desarrolles la capacidad de observar y clasificar tus propios pensamientos en tu vida diaria según los tipos vistos en el DEDO 3: útiles, inútiles, negativos, positivos y diamante.

Para entrenarte, puedes pararte varias veces durante el día y preguntarte: «Ahora, ¿qué estoy pensando?». Y anotarlo en una libreta. Quizá puedes llegar a escribir todo en un Diario de tus pensamientos. Otra práctica: si en una reunión notas un poco tenso tu cuello, observa qué está pasando por tu cabeza en ese instante. Las sensaciones físicas son un altavoz de lo que se está cuajando en nuestra mente.

DEDO 5: SUSTITUYO LOS QUE NO ME SIRVEN POR LOS QUE SÍ

El objetivo de este último DEDO es que sustituyas los pensamientos que te provoquen experiencias que no fortalecen tu mente, que no la cuidan, por los que sí que lo hagan.

Es importante que tengas en cuenta que casi siempre hay alternativas. Por ejemplo:

- Pensamiento inútil: «¡Qué pereza ir al dentista!». Alternativa: «Soy afortunada, puedo permitirme ir al dentista!», o «no quiero que se me caigan los dientes, ¡vaya que si voy al dentista!».

Y también es importante que, para que te funcionen a ti, te los tienes que creer, si no, ¡apaga y vámonos! Por eso conviene que los expreses de manera realista, con los matices que tú consideres oportunos.

- Pensamiento inútil: «Ni de broma voy a cumplir los objetivos». Alternativa: «No lo he conseguido todavía. ¡Quién dijo fácil! El partido está interesante, voy a intensificar mis visitas a los clientes, con actitud de escucha y mentalidad de cierre. Un incremento del 7 % sí que es factible. Empecemos por ahí».

¡Y en esto consiste «la regla de los 5 DEDOS»! Si quieres una vida ascendente, por algún sitio habrá que empezar a hacer cosas distintas. Fortalecer tu mente es una muy buena opción. En palabras de mi apreciado Liberto DEP, no es lo mismo jugar a no perder que jugar a ganar. Y jugar a ganar es experimentar con tus pensamientos para trascender tus planteamientos actuales, liberarte de ciertos automatismos que te atrapan en lo de siempre y abrir nuevos horizontes.

- *Cuida tu espíritu.* Déjame insistir. Además de cuidar tu cuerpo y tu mente, un estilo de vida ascendente es sinónimo de cuidar tu espíritu, tu yo intangible. Ese que parece que no está, que se te escurre entre las manos y que luego se cuela por todas partes. Soy muy consciente de que voy a entrar en territorios muy íntimos y a la vez quiero ser totalmente honesta al compartir lo que observo que sirve para que todo esto no quede en un ejercicio teórico, flojito y pusilánime, mientras la realidad de la vida diaria discurre por otros derroteros. En mi experiencia, ejercer un liderazgo básico que se fundamenta en cualidades positivas que llevamos grabadas en nuestro ser –paz, amor, pureza, disfrute y sabiduría– implica cuidar el espíritu. El cómo hacerlo ya es cuestión de cada uno.

¿Qué es lo que a mí me ha servido? El silencio, estar en silencio. Si quieres cambiar algunas cosas en tu vida, que tú mismo y tu entorno experimentéis cosas diferentes, que esa vuelta a los básicos sea auténtica, real y que ocurra de verdad, mi sugerencia a modo de titular periodístico se podría expresar así: «Pon silencio en tu vida». El silencio es al espíritu como el respirar al cuerpo, ya lo dijimos cuando hablamos de cómo hacer un día de trabajo ascendente –en concreto en el *momento recarga*– es dar oxígeno a tu mente. El silencio no es el vacío, es un espacio creativo. En este espacio se encuentra la energía para romper viejos patrones, aquellos que conforman tu «antiguo yo». En él lo imposible empieza a ser posible, despierta a tu «yo más verdadero».

Silenciar el ruido mundano te permite escuchar tus voces internas, redescubrir tu parte más noble al tiempo que experimentar que otra forma de vivir es posible. En el silencio emerge el deseo de honrar tus cualidades positivas, elevarte, perfeccionarte, disfrutar, estar tranquilo, de crear, ¡de vivir más liviano! El silencio es renovación. El otro día visualicé un vídeo de Mario Alonso Puig en el que mostraba con una sencillez magistral cómo el silencio posibilita tu metamorfosis particular, de gusano a convertirte en mariposa que vuela ligera. Actuar es un imperativo, como escribió Ortega: «La vida nos dispara a quemarropa», y a la vez, para evolucionar –para dejar de arrastrarte por el suelo y volar–, es necesario parar.

Pasado ya el ecuador de los cincuenta, no sé cuántos años de mi vida he pasado formándome, ¡y lo que me queda! Se me acaba de ocurrir que sería un ejercicio curioso si juntara todos los ratos de estudio, lecturas, cursos, etc. ¿Cuál es mi punto? Está muy bien conocer, descubrir y aprender, somos alumnos eternos. Ahora bien, si quieres que el conocimiento no quede en una mera reflexión, es necesario combinarlo con el silencio.

Por ejemplo, como compartí en un apartado anterior, a mí me cambió la vida conocer cómo los distintos tipos de pensamientos tienen un impacto directo en mi bienestar —cuáles me impulsan a vivir como quiero y cuáles me «retrasan», me llevan en dirección contraria—, y al mismo tiempo de poco hubiera servido si no lo hubiese combinado con introducir momentos de silencio en mi vida. Eso fue lo que provocó el cambio real. ¡Y te lo dice una persona con gran facilidad para refugiarse en lo intelectual!

¿Y cómo introducir silencio? Muy simple. O bien introduces momentos de silencio en tu vida o introduces más silencio en tus momentos. ¡Y no es un trabalenguas! Se me escapan las lágrimas de reírme al escribirlo, y eso que lo he simplificado. Es que es así, tan verdadero. Estas dos prácticas son parecidas y se complementan.

• La primera tiene que ver con que incorpores tu *momento pausa* diario, un espacio en el que no hagas nada o casi nada: salir a caminar y sentir el viento en tu cara o cómo te tocan los rayos del sol; observar las hojas de los árboles y tratar de encontrar dos iguales; sacar a pasear al perro, ¡sin el móvil!; incorporar estiramientos mañaneros al levantarte; correr unos cuantos kilómetros hasta que empieces a escuchar con fuerza el latido de tu corazón; rezar en la parroquia de tu barrio; meditar en un rincón de tu casa... ¡lo que a ti te sirva! El silencio te libera de la negatividad, busca tu propia fórmula para incorporarlo todos los días. ¡Hay tantas cosas que haces todos los días! Comer, dormir, etc. Pues con esto lo mismo.

- La segunda práctica versa sobre cómo mostrarte más pausado en alguna de tus actividades cotidianas. Vamos, que bajes tus revoluciones. ¿Te ha pasado que cuando estás esperando un hijo o un sobrino empiezas a ver carritos por todas partes? Una vez que pones en tu radar buscar la pausa, empiezas a encontrar oportunidades para hacerlo en muchas situaciones: en una reunión sopesas no ser el primero en hablar, antes de hacerlo observas con interés a tus compañeros, lo que dicen y cómo lo dicen; antes de entrar en una conversación te paras un minuto y haces algunas respiraciones nasales; antes de escribir un correo cierras los ojos, observas cómo te sientes, cómo te quieres sentir después de enviarlo, tus motivaciones; entre reunión y reunión te das un pequeño espacio de relax, ¡o al menos en algunas!; cada dos horas te paras, miras hacia tu interior y revives tu yo más genuino; de vez en cuando te levantas de tu silla y simplemente caminas, etc.

Y tras estas pautas para cuidar tu espíritu introduciendo silencio en tu vida –te recuerdo que son invitaciones con las que experimentar, a ti te toca decidir con cuáles quieres probar–, quiero entrar, aunque sea fugazmente, en el territorio de la trascendencia. Tengo que reconocer que soy afortunada; desde pequeña he creído en la existencia de Dios. Hay quien lo llama Universo, Vida o similares; francamente no le doy importancia a utilizar unas u otras palabras. Para mí, la esencia es la misma. Me considero afortunada: ¡he creído en Dios desde pequeña! Sentir la fuerza de un Ser que te protege y respeta, que te ama incondicionalmente con eterna bondad

¡hagas lo que hagas!, que te guía hacia tu libertad más genuina, que te muestra tu verdadera naturaleza, que te acepta como eres, que te valora e impulsa... lo hace todo mucho más fácil.

Hubo un tiempo en el que yo estaba enfadada conmigo misma y con Él. En mi experiencia, cuando lo niegas –y yo lo hice durante una etapa– intentas ocupar su lugar: controlar la vida, entenderlo todo, aplicar tus reglas finitas a una realidad infinita. Y eso es IMPOSIBLE. Cuando con verdadera humildad te pones en sus manos y te relajas, emerge lo mejor de ti. O, al menos, eso es lo que yo experimenté. De alguna forma, mis cualidades innatas se liberaron, esas energías ascendentes en las que tanto insisto, y eso inspiró una conversación interior más fecunda, honesta y amorosa. Desde ahí, mi vida empezó a tomar una senda ascendente fascinante: con mi familia, en el trabajo, con los amigos. El cambio fue cualitativo y, pasados ya muchos años, diría que sustancial. Sé que hablar de esto en un contexto corporativo es arriesgado y, al mismo tiempo, mi honestidad me lleva a ello. Muchos directivos se abren conmigo y me dicen algo así como: «María José, si te soy franco, yo no creo. Mi mente analítica me puede. Aun así, me atrae todo esto. Un día me encantaría charlar en profundidad». A otros no les atrae o simplemente, como me pasó a mí en su día, no es su momento. Como siempre, la elección es tuya. Mi invitación es que no te niegues la posibilidad. En la mera exploración tienes mucho que ganar.

• *Cuida tus relaciones*[5]. ¡Las relaciones! El ser humano es un ser relacional, se hace con y para el otro. Uno de los aspectos más bellos de nuestra vida son nuestras

---

5 Basado en *Soul Connections*.

relaciones – somos hijo, madre, padre, marido, hermano, profesor, empleado, compañero, jefe, colaborador, cliente, proveedor, amigo, etc.–. Al interactuar con otras personas experimentamos las emociones más puras, nos sentimos vivos. ¿Es este tu caso? No te resultará extraño si te comparto que muchas veces me encuentro justo lo opuesto. Los directivos me expresan que las relaciones con los demás, con el equipo, con el jefe o en casa son fuente de preocupación o causa de estrés. En lugar de disfrutar con ellas se convierten en todo un desafío. El líder que vuelve a los básicos cuida, ¡diría que hasta mima!, sus relaciones. La calidad de estas influye en lo que te ocurre a lo largo del día. Por ejemplo, si te llevas bien con tus compañeros de trabajo –aprendes, creces o disfrutas con ellos–, cuando sales de casa para ir a la oficina, en el caso de que te desplaces, lo más probable es que te apetezca ir. Si ocurre lo contrario, consciente o inconscientemente, experimentarás cierta pereza o resistencia ya desde primera hora. De manera similar ocurre al terminar tu jornada. ¿Tienes ganas de volver con los tuyos? ¿Te es atractivo el regreso a casa? A veces cuesta contestarse con honestidad, ¿cierto? Creo que solo tú tienes la autoridad moral para responderte.

Con este preámbulo me encantaría que realizaras el siguiente ejercicio. Quizá puedes empezar con tus tres principales relaciones y, si te sirve, ampliarlo con otras. ¡Puedes incluso elegir la relación contigo mismo!

Lista de tus relaciones

Relación 1:

¿Cómo te sientes cuando interactuas?

¿Cómo es la calidad de la relación?

¿Coincide lo que piensas y sientes con lo que haces y dices?

(Sí) (A veces) (No)

¿Qué aprecias de esta relación?

¿Qué te gustaría que fuera diferente?

Relación 2:

¿Cómo te sientes cuando interactuas?

¿Cómo es la calidad de la relación?

¿Coincide lo que piensas y sientes con lo que haces y dices?

(Sí) (A veces) (No)

¿Qué aprecias de esta relación?

¿Qué te gustaría que fuera diferente?

Relación 3:

¿Cómo te sientes cuando interactuas?

¿Cómo es la calidad de la relación?

¿Coincide lo que piensas y sientes con lo que haces y dices?

(Sí) (A veces) (No)

¿Qué aprecias de esta relación?

¿Qué te gustaría que fuera diferente?

¿Qué conclusiones sacas?

Tú eliges cómo vivir tus relaciones. No sé si has caído en la cuenta de que normalmente se produce un intercambio a distintos niveles: con las acciones «yo hago esto, tú haces esto otro»; con las palabras «yo digo esto, tú dices esto otro»; pero también con lo que pensamos «yo pienso esto sobre ti, tú piensas esto sobre mí»; y sentimos «yo siento esto por ti, tú sientes esto hacia mí». ¡Cuántas veces lo que hacemos o decimos no coincide con lo que pensamos o sentimos! Por ejemplo, te convocan a una reunión inesperada cuando tenías reservado el tiempo para un tema personal tuyo. Por dentro estás molesto y sin embargo te descubres diciendo: «Sin problema». O te presentan a alguien a quien no te apetece ver y dices: «Encantado de saludarte». O en el ámbito personal, estás derrotado, tienes invitados y en lugar de expresarlo de repente sueltas: «¿Queréis quedaros a cenar?».

Hay una línea muy fina entre la educación, el siempre bienvenido respeto y los miedos. Miedo al rechazo, miedo a lo desconocido, miedo a expresar lo que sientes de forma constructiva, miedo a poner un límite, etc. Te recuerdo que estos miedos son energías descendentes; cuando se activan buscan llenar con algo de fuera lo que no estás dando desde dentro. Quizá te falta seguridad, confianza, autorrespeto o cariño, experimentas cierta incomodidad y te dejas llevar. Buscas sentirte mejor, llenar cierto vacío o completarte. ¡Hay muchas formas de expresarlo! Te distraes con objetos, consiguiendo logros o consumiendo sustancias, pero la incomodidad sigue dentro de ti.

Y frente a esto, una relación saludable es aquella en la que se logra coherencia entre los distintos niveles: que haya consistencia entre tus actos, palabras, pensamientos y sentimientos. Pon foco en que sea así. Además, cuidar una relación implica que no la utilizas para llenar un vacío, sino que la nutres. Buscas cómo enriquecer al otro, ¡en la dimensión que sea! Te mueve su bien. No quieres utilizarle, sino aportar. ¿Te has dado cuenta de lo que hace el astro rey? El sol ofrece sus rayos, sigue irradiando, no busca nada de vuelta. De la misma manera, cuando nutres una relación –con una sonrisa, con una idea, con un detalle, con una decisión…– desinteresadamente tiendes a sentirte mejor. No buscas reconocimiento, ni cariño, ni aprobación. Y, sin embargo, puedes ser más tú que nunca, y eso te llena, te hace sentirte valorado por quien eres. Entonces el egoísmo se desvanece, la honestidad fluye con naturalidad. Una verdadera relación honra la individualidad, la propia y la del otro. ¡Esas son las relaciones ascendentes que nutren tu ser!

Por cierto, quiero compartir un último apunte. Este tipo de relaciones son compasivas. Compasión no es pena, es un nivel superior a la empatía. Es entender al otro, lo que piensa y lo que siente con amor. No implica estar de acuerdo, sino entenderlo. Es comprenderlo en su contexto desde el amor más genuino, con una mirada que lo empodere hacia un cambio cualitativo –ese del que hablamos en el capítulo *¿Qué eliges tú para tu vida?*– que transforme cualquier trazo de negatividad en algo mejor. En una relación compasiva se aprende, se crece, se contribuye conjuntamente. Es curioso; esto ocurre sin pretenderlo. No hay sentimiento de posesión, ni de control, ni de expectativas, y al mismo tiempo hay una fe tremenda en el potencial del otro, en sus cualidades intrínsecas. Si quieres cultivar tu compasión y que tus relaciones lleguen a máximos, el camino pasa por reconocer, ver y sentir las cualidades originales del otro, ¡las del otro, sus energías ascendentes! Esa mirada enfocada en darle fuerza vital al otro apreciando, aunque sea solo de pensamiento, lo que ya tiene genera confianza, ganas para cambiar. El otro deja de ser «un problema a solucionar» para convertirse en alguien amado, apreciado o valorado que está en evolución. Construyendo estas bases resulta mucho más fácil llevar a la práctica ese liderazgo básico, que es la tesis de este libro.

Todas las sugerencias de este capítulo son para mostrarte que, si activas los recursos que ya tienes como persona, tu día a día puede cambiar y mucho. Nacen del corazón, de experimentar con ellas y de lo que observo que les es útil a muchos. Sé que le hemos dedicado unas cuantas páginas. Yo escribiendo y tú, si has llegado hasta aquí, acompañándome.

Aun así quiero subrayar que es evidente que para ponerte en marcha tienes que dar un salto. Creer que tus cualidades originales son eso, originales y tuyas, que forman parte de tu naturaleza. Que cuando estás en paz, tranquilo, sintonizas mucho mejor contigo mismo, con otros y con las posibilidades de las distintas situaciones. Que, a través del amor, cuidas a los demás, buscas su bien y compartes con naturalidad. Que un interior limpio, puro, te lleva a respetarte a ti mismo y apreciar lo que cada situación y persona puede ofrecer. Que cuando sonríes, lejos de sentirte culpable, estás expresando tu naturaleza más genuina. Y que cuando todo esto pasa de verdad y no queda solo en tu cabeza, la vida alcanza otra dimensión.

Cierto es que las energías descendentes se cuelan por todas partes. Negarlo sería una ingenuidad. Como afirmo en la contraportada de mi segundo libro, te diría que tal vez lleves mucho tiempo comportándote de una manera, con tendencias tan arraigadas que crees que son parte de tu identidad. Tal vez hayas normalizado tu estrés, tu ansiedad, tus manías, o incluso tus ataques de ira. ¡Forman parte de tu estilo de liderazgo, de lo que te funciona! Lo cierto es que el «yo soy así» está obsoleto. Tú no eres tus tendencias, tú no eres tus hábitos, tú no eres tu personalidad. Ese es un yo ilusorio. Eres mucho más que los límites que te pones a ti mismo. Por eso es necesario reconocer los obstáculos que te alejan de quién realmente eres, de cómo quieres vivir y del liderazgo que quieres ejercer.

Recopilo alguna de esas barreras que ya te son de sobra conocidas. El ego provoca una explosión de emociones muy ligadas a la soberbia, la necesidad de tener razón o reafirmarse a través de objetos o reconocimiento de los demás. Como ya dijimos, la ira en cualquiera de sus formas es una forma de violencia. Tiene mucho que ver con reaccionar con agresividad –a veces más manifiesta, otras más soterrada– cuando esperas algo que en realidad no sucede. Los apegos son la antesala de los miedos, siembran la semilla de la duda y llevan a una parálisis asfixiante que puede devenir en ansiedad. La codicia o ambición desmedida lleva a la insatisfacción permanente, a un descontento cansino como forma de vivir. Y el egoísmo, poner el foco en extraer algo de otros en lugar de contribuir a su crecimiento, conlleva un desequilibrio con el que se hace harto complicado tener una vida plena.

Ya dijimos que el fuego no se apaga con fuego. Desconectar de lo externo, retornar a lo que ya tenemos, a lo que somos, y volver a salir reviviendo nuestras cualidades es una estrategia bastante recomendable. ¡Incluso aunque a veces nos dé cierta pereza! Tú creces, los demás sin percatarse también. No esperes a que cambien las cosas por si solas, sino que acepta, aprecia y deja emerger tus energías ascendentes –aquellas que no dependen de nada ni de nadie, tan solo de ti mismo–, para que desde ahí maximices tu influencia. Seguir esta senda lleva a una evolución sólida, progresiva y permanente.

Por todo esto cierro este capítulo, *Haz tu vida ascendente,* con el deseo genuino de que te lleves alguna pauta para aplicar en tu rutina de trabajo, tus reuniones, tus conversaciones, a la hora de flexibilizar tu liderazgo o cuidarte –a nivel físico, mental, espiritual o relacional–. El capítulo que acabas de terminar es donde se juega el partido. Desde mi punto de vista es uno de los más relevantes. ¿Qué subyace debajo? Una firme creencia en que un mundo mejor es posible, ¡subtítulo de este libro!, y ese mundo lo hacemos entre todos. ¿Cómo? Haciendo nuestras vidas ascendentes. ¿Te imaginas cómo sería el mundo con ocho mil millones de vidas ascendentes?

La bella durmiente, el príncipe y la bruja

El conocimiento sin silencio es como un pájaro que intentase volar con una sola ala.

ANTHONY STRANO

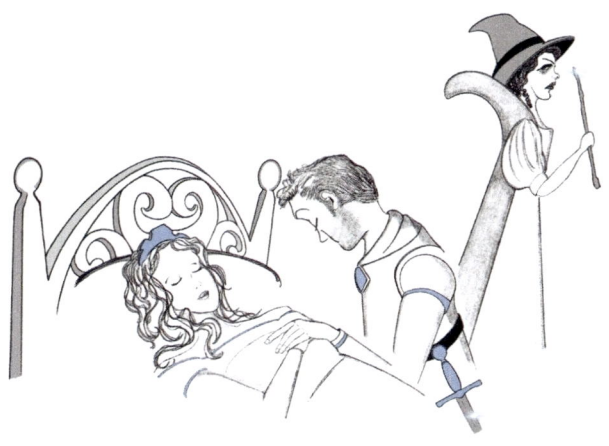

Me gusta tanto esta metáfora (¡tengo que reconocer que cada vez más!) que no me resisto a compartirla. Quizá te ayude todavía más a retener, interiorizar o encontrar matices a alguno de los conceptos. Vamos al lío; esta elección tan sumamente personal de optar por hacer tu vida ascendente puede leerse en clave del famoso cuento.

¿Qué representa la bella durmiente? Nuestras posibilidades dormidas. Como Strano desvela, nuestro ser despierta del sueño de la ignorancia. Reconocer esas posibilidades dormidas que forman parte de nuestra naturaleza –paz, amor, pureza, disfrute y sabiduría– es un primer paso que conlleva quitarnos la venda que nos impide ver, sentir y celebrar lo que realmente somos, quiénes somos de verdad, así como el impacto que esto tiene en todas nuestras relaciones. Podría afirmarse que somos tejedores de amor; una de las aspiraciones más profundas del ser humano es amar y ser amado. Las relaciones más genuinas están bañadas de honestidad, generosidad y frescura. Comprometerse con una relación es cuidar todo esto, reviviendo nuestras características intrínsecas. Comprometerse con uno mismo es permitir que emerja nuestra identidad más profunda: el viejo nuevo yo, el de siempre. Ese que hacemos pequeño cuando nos disfrazamos de los distintos personajes. Ese sabio maestro jedi que todos llevamos dentro. ¡Es tan maravilloso! Cuando él toma el mando nos elevamos. Reconocemos lo eterno e inmutable que hay en nosotros, lo que permanece, y sobrevolamos con libertad los vaivenes de la vida. ¿Intuyes las posibilidades de tu yo más esencial?

¿Y el príncipe? Lo que provoca el despertar, lo que nos sitúa en un estado que nos permite recordar lo que ya sabemos. Ya nos lo dijo Platón: la verdad tiene mucho que ver con recordar lo que hemos olvidado. Me gustaría subrayar que no se trata de un ejercicio intelectual, sino experiencial. Recordar, volver a pasar por tu corazón. Experimentar, sentir, revivir. Este príncipe que nos despierta muestra, como ya vimos, dos facetas: el silencio en su dimensión creativa y Dios. Voy a elaborar ambas un poco más.

Muchas veces se busca la quietud como antídoto ante un estrés casi insoportable, una ansiedad inmanejable o un intento de recuperar el control. ¿Qué ocurre entonces? Que estar en silencio puede convertirse en algo incómodo. Tal vez aparece algo que no quieres ver o alguna de esas puertas que no quieres abrir. ¡Por eso el silencio tiene que ser creativo! Vacías para luego llenar. En el silencio puedes ver con nitidez esas capas más superficiales de tu ser, esa carcasa que te acompaña a todas partes a la que hicimos alusión en el capítulo *Energías descendentes*. ¿Y cómo hacer para que se desvanezca? Alimentando tu otra parte, tus cualidades intrínsecas. Ese lado tuyo que te lleva a tomar decisiones más acertadas y benévolas para ti mismo y para tu entorno –equipos, compañeros, familia, amigos–. Tú entiendes de lo que hablo, tal vez no le das nombre, pero sabes lo que te conviene y en el silencio casi te grita. Estando en silencio puedes recuperar pensamientos, sensaciones y sentimientos que te hagan sentir pleno, satisfecho, vivo. La naturaleza es una grandísima aliada para ello, te conecta en cuestión de segundos: respirar aire puro, sentir la brisa del mar, el olor del rocío, el sonido de una tormenta, el canto de los pájaros al amanecer, etc. Justo ayer, un ejecutivo muy exitoso me comentaba cómo desde hace años tiene instaurada la práctica de pasar unas dos semanas en soledad, así como su amor por disfrutar del silencio en los primeros albores del día. Intuitivamente, él busca este espacio que te permite acallar lo externo para escuchar lo interno. Cuando tienes el hábito de hacer silencio creas casi sin darte cuenta el contexto para ver y sentir hacia dónde apunta tu brújula interior en cada instante, ¡no dos segundos más tarde de que hayas actuado! Esto te permite ser preciso en cada momento conforme a lo que se necesita. Silenciar es dejar que tu propia voz se abra espacio, permitiendo que reine ese sentido común apreciado y denostado a partes iguales que te predispone a ejercer un liderazgo en el que te reconoces, en el que das vida a los básicos con tus equipos, en tus comités, con tus clientes, con tu jefe, con los tuyos, contigo mismo. Es quitar lo que sobra para que quede lo esencial.

Y la segunda faceta del príncipe no es otra, por qué no volver a decirlo, que la ayuda de Dios para quien quiera dejarse ayudar. ¿En qué? En salir de una forma consistente y definitiva de esos viejos patrones que tarde o temprano llevan a un sentimiento de vacío existencial. Tu antigua personalidad puede estar tan arraigada que no te resulte fácil generar un cambio permanente ascendente, ¡ni siquiera en diente de sierra! Esto es más fácil si se cuenta con ayuda. Dios puede ser visto como un sol que está ahí disponible para todos: si optas por bajar tu persiana, absoluto respeto y no tengo nada que decir; y si quieres beneficiarte de su luz, pues fantástico, todo te será más fácil. Como apunté anteriormente, mi experiencia, ¡y esto sí que es muy personal!, es que de Él recibimos una energía constante que alimenta nuestra bondad, que nos eleva como personas y derrite lo superfluo, lo que nos tira para abajo. Nos ayuda a renovarnos, reordenarnos, nos nutre y nos protege. Claro, así uno puede hacer casi cualquier cosa, ¿no? Siempre he dicho que juego con ventaja. Ahora ya en serio, en mi trayectoria profesional me encuentro que cada vez más directivos quieren explorar este territorio con anhelo genuino. Por algo será.

Estas dos facetas del príncipe, el silencio y Dios, tienen la fuerza para despertar tus posibilidades dormidas, pero también hay otras vías. A veces nos espabilamos de otra manera. Por ejemplo, la vida nos pone delante regalos inesperados. ¡Cuánto vale un buen compañero en tu día a día!; o alguien que te asesore bien, que no te diga lo que quieres oír, sino que no te juzgue y a la vez te haga de frontón; o alguien que piensa radicalmente distinto a ti y te abre perspectivas; o alguien con quien discrepas y se convierte en un maestro para tu tolerancia, respeto y humildad; o un amigo que con su sola presencia te hace experimentar algo distinto; o un jefe que cree en ti y poco a poco desarrolla aspectos de ti mismo que ni sospechabas, etc. Podría decirse que, en general, todo lo que te predispone a reconocer tu verdadera naturaleza, salir de un escepticismo a veces cansino, abrir un nuevo capítulo y hacer tu vida ascendente de forma permanente forma parte de tu príncipe.

¿Y la bruja? Esta te la sabes. Todos esos obstáculos que pueden impedirte florecer, llegar a tu máximo potencial. Es decir, las famosas energías descendentes. ¿Las recopilamos? Ego, ira, apego, codicia, egoísmo, pereza, envidia... por rescatar algunas. Todas ellas te separan de tu identidad original, de ese yo elevado que vive libre de zozobras circunstanciales. Cuando estas energías te gobiernan, tus emociones estallan con mayor facilidad. Eres esclavo de experiencias pasadas. Experimentas falta de fe en tu propio cambio. Buscas la aprobación ajena a través de tus resultados, de tener razón o caer bien. De hecho, el hábito de la negatividad es más frecuente de lo que parece. Las energías descendentes son bastante persistentes, ¡quieren perpetuarse! ¿Dónde está el truco?

De una parte, aunque te visiten de vez en cuando no te dejes atrapar por ellas. Cuando tu comportamiento nazca desde ahí –supongo que no eres infalible–, rectifica más pronto que tarde. Si das un grito, pide disculpas. Si un conflicto está atascado, da el primer paso. Si un amigo que no te hace mucho caso necesita ayuda, dale tu tiempo. Si tu jefe está estresado, que sienta tu apoyo y no tu juicio. Si tus *compis* de otra área no te llaman para una reunión, llámalos tú y juntos decidid cómo encauzar la próxima. Si te difaman, no te lo tomes personalmente. Si no estás de acuerdo con algo, exprésalo con respeto. Si no te miran al saludarte, ofrece una sonrisa. Si empezaste mal la mañana, no tienes que continuar con el pie cambiado el día entero... Seguro que si te dejo encuentras multitud de ejemplos similares sobre cómo influir positivamente y esquivar a la bruja. ¡Eso es ejercer un liderazgo básico! Todo esto sé que ya lo sabes; el desafío –y mira que soy pesada con esto– es hacerlo en el momento. Quizá por eso tienes este libro entre tus manos, no lo sé. De otra, las energías descendentes pierden fuerza cuando las integras en tu vida. ¡Transfórmalas y dales un papel! Todos, incluso las energías descendentes, tenemos vocación de ser útiles. ¿A qué me refiero? Por ejemplo, cuando mires tu pasado, resignifica aquello que veas que está teñido por estas energías. No vas a poder volver atrás, pero sí que está en tu mano el mirar esa vivencia de otra manera. ¿Te has fijado en lo que hace una ostra? Cuando le entra una impureza crea una perla que convive con ella de por vida. Lo mismo podemos hacer con las experiencias pasadas no gratas: transformarlas en perlas. Esto es mucho más que aprender del pasado. Es dar brillo a tus experiencias. En esta línea, quiero explícitamente rendir homenaje a mi amigo Luis, exalcohólico, que ha creado la plataforma #noanónimos para apoyar a gente que sufre esta enfermedad silenciosa, socialmente aceptada y pocas veces reconocida. Él no niega su pasado, ¡y bien sabe él lo que se ha llevado por delante!, sino que con humildad, autenticidad y determinación lo pone al servicio de los demás. ¡Muy, muy grande!

En la vida diaria, cuando te descubras gobernado por una energía descendente –una palabra inoportuna, una decisión egoísta o una reunión inútil– no te machaques más, utiliza lo que ha pasado para, de verdad, hacer algo distinto. A lo hecho, pecho. No lo puedes cambiar, sí lo puedes resignificar. Vamos, con una sonrisa en los labios lo que quiero decir es que no niegues a la bruja, ¡va a seguir estando ahí!, transfórmala en princesa. Esta alternativa resulta mucho más interesante. Es como si te ponen una multa de cien euros: no la niegues, págala y que no se haga más grande. En lugar de acumular recargos y que se convierta en una de mil euros, pasa por caja. Afróntala con valentía, desapego –tú eres mucho más que cualquier cosa que hayas hecho– y con un poquito de creatividad intégrala en tu vida. En el ejemplo de la multa, quizá puedes tener una pequeña conversación al respecto con tus hijos.

Recopilando, el conocimiento de nuestras posibilidades dormidas nos ayuda a darnos cuenta de la oportunidad que todo el mundo tiene para cambiar, empezando por cada uno de nosotros. El proceso se puede describir con tres pasos muy simples: desconectar de las influencias externas, conectar con nuestra esencia más genuina y volver a reconectar con todo lo externo desde otro sitio. Liderar volviendo a los básicos conlleva aprovechar las situaciones cotidianas para recorrer este camino. En el silencio encontramos la energía necesaria para dar esos pasos que sabemos que nos conviene dar y, si se tercia, atravesar los obstáculos con los que convivimos y hacer que jueguen a favor. Suena tentador, ¿no?

A los pragmáticos

Se necesita un punto de estrés profesional
para hacer las cosas bien.

JUAN MARÍA NIN

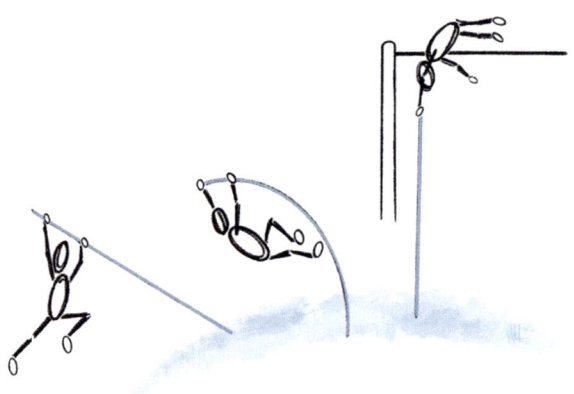

¿Quieres hacer las cosas bien? Hazlas. Punto. No sé tú, yo a veces me complico la vida. Si quieres tener un rendimiento positivo conviene, como muy bien dice Juan María, que inyectes un «tiro tenso».

¿Has oído alguna vez esta expresión?: «Sí, sí, la teoría me la sé, pero imposible aplicarlo en mi día a día».

Para proseguir: «Mis reuniones siguen siendo las mismas. No soy dueño de mi agenda».

O bien: «Noto que la mente se me va. Tengo días mejores y días peores, cuando estoy cansado me cuesta más». Siendo franca, he tenido el placer de escuchar este tipo de diálogos cientos de veces. Todo eso es cierto y a la vez sabes que depende de ti el inyectar cierta tensión creativa, esa a la que aludimos antes. Sobre todo si no quieres autoengañarte y quieres que las cosas pasen, y que pasen bien. Uno de los comentarios que más me ha gustado en mi vida profesional es el que recibí de una ejecutiva tras escucharme en una conferencia. Me dijo algo así como: «Tengo que reconocer que era escéptica; de hecho, sigo siendo escéptica, y a la vez tengo ganas de experimentar con todo esto». Como he dicho en múltiples ocasiones, amo a los escépticos; les va el desafío. No te lo ponen fácil y te empujan, sin pretenderlo, a sacar una versión mejorada de ti mismo que quizá ni intuyes. Suben el listón e implícitamente te llevan a sobrepasar tus propios límites. La gente pragmática es un tipo especial de escépticos. A ellos no les vengas con verborrea, te los ganas en la acción.

Comparto algunos *tips* que les suelen funcionar:

- *Cuidado con autolimitarte.* Como te he dicho varias veces, ya somos mayorcitos y, lo expresemos o no, tenemos nuestra propia fórmula de estar en el mundo. A veces preferimos lo familiar a estar mejor. Salir del entorno conocido supone un esfuerzo que no siempre estamos dispuestos a realizar. Si es una elección consciente, fenómeno. Si es tu razón la que construye un discurso autojustificativo que te autolimita, cuidado. Uno de mis maestros, Santiago Álvarez de Mon, solía decir que racionalizar es el uso de la inteligencia para secuestrar la verdad. La gente inteligente suele construirse excusas muy bien armadas que se acaban creyendo ellos mismos. No caigas en esto, háblate con claridad.

- *Ve de lo pequeño a lo grande*, busca tus pequeñas victorias. Por ejemplo, si es viernes y te propones correr un maratón el domingo sin entrenamiento previo lo más probable es que no llegues a la meta o que te lesiones por el camino. Y luego te descubras diciéndote: «¿Ves como no soy capaz?». La clave es que te pongas pequeñas metas y poco a poco ir incrementándolas, cada meta es solo un paso. Si seguimos con el ejemplo del maratón, puede que durante una semana tu actividad física sea andar veinte minutos al día y correr cinco, hasta que en unos dos meses estés preparado para correr cuarenta minutos seguidos. Es posible que te lesiones; aun así persistirás. Y en unos meses, o quizá un año, podrás correr tu maratón. Si lo trasladamos a tu día a día, puede que no puedas meter energías ascendentes en todas tus reuniones, pero sí que hay dos o tres que dependen de ti, ¡esas de los martes por la mañana!, donde puedes ejercitar tu músculo. Cuando consolides esto, casi sin darte cuenta, irás incorporándolo a otras situaciones no tan evidentes. Normalmente esta práctica se te atasca por tu impaciencia, quieres recuperar en el tiempo que te queda lo que no hiciste antes. Y no funciona así. Como un alto directivo me dijo una vez: «No se llega tarde, se sale tarde». Hay ciertas cosas que ameritan su ritmo. Cuanto antes lo aceptes, mejor.

- Ahondando en esto, *empieza por lo que depende de ti*. Es decir, por lo que claramente depende de ti. Volviendo al ejemplo de las reuniones en las que participas, ¿en cuáles tienes más voz para cambiar cosas y que sean más productivas?, o ¿qué micromomentos de pausa puedes introducir durante tu día?, o ¿qué tal probar a hablar más despacio, en un tono más amable, casi como si le hablaras a tu mejor amigo?

- Si quieres avanzar haz pequeñas concesiones, *desafía alguno de tus modos de pensar que hasta ahora te han traído algún beneficio.* Por ejemplo, en el fondo sabes que quejarte de una situación difícil hace que no asumas riesgos, o no todos los que podrías –quién no arriesga no crea valor–. Pues bien, deja de victimizarte y pregúntate: «¿qué riesgos estoy dispuesto a asumir para que la situación cambie un poco?». O quizá ante esa meticulosidad extrema que posibilita resultados excelentes podrías explorar qué pasaría si empoderaras más a la gente a costa de ser más flexible con la calidad técnica, ¿sigues ahí? Esto son solo dos propuestas. Busca qué licencias puedes darte, cuáles pueden tener el mayor impacto en ti.

- *Y huye de la perfección;* sabes que no existe tarea perfecta. El ser humano es un ser inacabado, un *faciedum,* que decía Ortega. La vida no es un problema que solucionar, sino un misterio en el que se profundiza. No busques excelencia en tu primer intento, ni en el segundo, ni en el tercero... ni en el enésimo. ¡La receta mágica no existe! La imperfección es parte de la belleza de la vida. Experimenta, observa los beneficios, profundiza, persiste y avanza. Merece la pena; te lo mereces.

Strano compara con mucho acierto el proceso de cambio de cualquier persona con un saltador de pértiga. Este lleva una pértiga larga que le permite saltar por encima de la barrera. Concentración, carrera, luego el atleta clava la pértiga en el suelo, levanta su cuerpo y aquí viene lo interesante: en un momento determinado se deshace de la pértiga que ha usado para poder volar por encima de la barrera. Si no lo hace, su cuerpo saldrá disparado hacia atrás y no cumplirá su objetivo. De la misma manera, lo que te ha servido para llegar hasta donde estás, tu pértiga particular, no es necesariamente lo mismo que lo que te va a permitir saltar con éxito. Por eso conviene que, por tu propio beneficio, sueltes y experimentes con cosas nuevas. Pragmático, tu autenticidad te hace grande. ¿Que usar la palabra amor te suena a pájaros y flores? Pues sustitúyela por otra que te resuene a ti: capacidad de servicio, hacer algo útil, servicio al cliente o lo que sea. ¿Que no sabes por dónde empezar? Sigue alguno de los *tips* anteriores y simplemente empieza. Como dije al principio, no se trata de sentar cátedra, ni de enredarse en modelos teóricos complicados, sino más bien de mostrar al mundo que, a través del ejemplo de todos los días, tiene su espacio un tipo de liderazgo distinto: el básico. Y todavía más interesante: que si optamos por él, el efecto colectivo puede ser tremendo. Gracias por considerarlo.

***

¡No te vayas todavía!, no te vayas por favor... Te he preparado un resumen gráfico con casi todo. En el centro tú, con tus energías ascendentes –paz, amor, pureza, disfrute y sabiduría–. Alrededor de ellas, las descendentes –ira, apego, nunca es suficiente, cosificar y ego–. Estas no forman parte de tu identidad más profunda, pero llevan tanto tiempo contigo que casi crees que sí, ¡están pegadas! Las normalizas. El liderazgo básico tiene mucho que ver con alimentar lo que te caracteriza como ser humano, la naturaleza más profunda de tu ser, tus energías ascendentes y que, cual diamante, emitan rayos para atravesar e incluso derretir las descendentes. Algunos ejemplos. Al conectar con tu lado pacífico, tu ira se amaina y aparece el directivo sereno, equilibrado, ese que toma mejores decisiones. Cuando amas a tu equipo, te importa su desarrollo, no te apropias de ellos, y das espacio para que crezcan y evolucionen. Cuando puedes ser tú en estado puro, te armas de valentía y pones lo relevante encima de la mesa, no piensas en acumular, sino en aportar. Al respetar a los demás, disfrutas con ellos en lugar de aprovecharte, generándose complicidad y un plus de productividad. Las interconexiones son muy muy interesantes, mirando el gráfico tal vez hagas las tuyas propias.

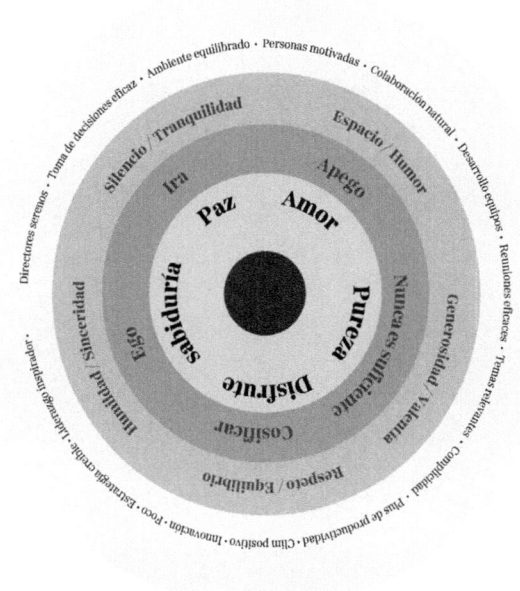

Para facilitarte el paso a la práctica, y tal vez para divertirte, he diseñado un pequeño test, *assessment* o cuadro de progreso, ¡como quieras llamarlo! Te recuerdo que es solo una foto a fecha de hoy de cómo te ves en las cinco cualidades ascendentes de las que hemos venido hablando, la película la vas construyendo tú todos los días. Mi sugerencia es que al contestar no pienses mucho, sé honesto y ligero. Esto es para ti. Al ponerte un número, entrenas tu capacidad de

¿Estás en Paz?	¿Cómo estás ahora? ¿Cómo te gustaría estar?	1 2 3 4 5	¿Qué te da paz? ¿Qué te la quita?	¿Qué quieres hacer o dejar de hacer al respecto?
¿Amas? *lo que haces, tu vida, a tus compañeros, a tu jefe, a tus clientes, a los tuyos, familia, etc.*	¿Cómo estás, de verdad? ¿Cómo te gustaría estar?	1 2 3 4 5	¿Qué o a quiénes amas más? ¿Cómo expresas tu amor en tu trabajo?	¿Qué quieres hacer o dejar de hacer al respecto?
¿Puedes ser tú mismo, auténtico?	¿Con qué frecuencia? ¿Cuál sería tu ideal?	1 2 3 4 5	¿En qué momentos puedes ser más tú? ¿Qué hace que no te reconozcas?	¿Qué quieres hacer o dejar de hacer al respecto?
¿Disfrutas en tu día a día?	¿Cuánto? ¿Cuánto te gustaría?	1 2 3 4 5	¿Qué te hace disfrutar? ¿Qué te quita tu sonrisa?	¿Qué quieres hacer o dejar de hacer al respecto?
¿Practicas lo que dices, eres coherente?	¿Cómo ves? ¿Cómo te gustaría verte?	1 2 3 4 5	¿Con qué das ejemplo? ¿Cuándo te contradices?	¿Qué quieres hacer o dejar de hacer al respecto?

autoobservación. Cuando contestas las preguntas cualitativas, profundizas. La última columna es una invitación a la acción, lo que tú –y solo tú– quieres hacer o dejar de hacer. Cada cierto tiempo, puedes volver a utilizarlo. Ayer tuve una deliciosa sesión con siete directivos *top* cien de una compañía de unos treinta mil empleados. Fue un encuentro informal unos meses después de haber finalizado un programa con ellos. Con mucho cariño compartimos dónde estábamos cada uno. En un momento dado no me pude resistir a pasarles el cuadro de la página anterior, a modo de piloto. Nos reímos un montón. Se abrieron y pusieron en común cada uno de estos aspectos. Son gente de primera categoría. Les pedí permiso para compartir el esbozo de lo que vi. ¿Qué observé? Lo que intuía: hay poca paz. El contexto convulso de hoy en día no ayuda. Sabemos que las reglas del juego han cambiado, que la frecuencia y la velocidad de los cambios han venido para quedarse y a la vez algo en nosotros se va desgastando todos los días. De amor iban muy bien, aunque no tan sobrados cuando se trata de expresarlo en el ambiente profesional. ¡Y son muchas las horas que estamos trabajando! La autenticidad –haciendo alusión a la pureza– oscila mucho con el nivel de madurez: a mayor madurez nos damos más libertad para poder ser nosotros mismos. El disfrute ya es otro cantar, el ritmo que se imponen conlleva acometer algunas tareas perdiendo la esencia, el disfrute por y en ellas. ¡Por no hablar de la procrastinación, la pereza de toda la vida! Llegamos tarde o justitos y, aunque se entrega lo que sea menester, muchas veces lo que hay es alivio en lugar de satisfacción. Nos perdemos en el proceso. Y en el paso a la práctica... ¡pinchazo! Ahí está el reto. Me encantó la honestidad con la que contestaron, con rubor y determinación.

Cuando les pregunté si les había sido útil el ejercicio –recuerda que yo estaba probando la herramienta–, me dijeron que por supuesto, que sí, incluso reconociendo la existencia de una pequeña lucha interior por ser del todo sinceros con ellos mismos. La clave no está en las preguntas, son relativamente sencillas, sino en las respuestas que tú te des, en el proceso de observarte y profundizar para contestar. ¿Lo mejor? Ellos mismos se marcaron el compromiso de volver a este cuadro en un tiempo. Surgió espontáneo. Eso es tomar las riendas. Una gozada que compartan su viaje conmigo, aprovecho para expresar mi agradecimiento explícito. Cuando este libro se publique, ¡se han ganado un ejemplar!

Y seguimos con otro cuadro más; la intención es que puedas observar con la mayor nitidez posible tu propio estado de la nación. Acuérdate de lo del espejo, te ofrezco herramientas para que puedas evolucionar, discernir lo que toca si quieres progresar, pero no para juzgarte, ni machacarte. Sino iríamos en sentido opuesto. ¿Entendido? Esta vez la novedad reside en que, por cada característica ascendente o descendente, te ofrezco cinco preguntas concretas que te ayuden a aterrizar si de verdad eso está pasando o no. Después a ti te corresponde sacar tus propias conclusiones para, si lo consideras oportuno, pasar a la acción. Como el eslogan que suena constantemente en el metro de Londres: *See it, say it, sorted*. Por cierto, en la segunda página verás que hasta puedes pintar en una gráfica tus resultados.

* * *

Instrucciones: contesta 1 si se aproxima más al «si» y 0 si se aproxima más al «no». La vida está hecha de grises. ¿Mi sugerencia? Déjate guiar por tu intuición, no pienses mucho.

Paz
Sí (1) / No (0)

¿Dirías que tu mente está pacífica?
¿Desconectas cuando quieres?
¿Paras de vez en cuando?
¿Duermes con facilidad?
¿Piensas con claridad?

SUMA

Ira
Sí (1) / No (0)

¿Gritas de vez en cuando?
¿Te enfadas a menudo?
¿Sueles ser duro?
¿Te muestras agresivo?
¿Te impacientas con otros?

SUMA

Amor
Sí (1) / No (0)

¿Te apasiona lo que haces?
¿Colaboras con naturalidad?
¿Te importan tus compañeros?
¿Respetas a la gente diferente?
¿Eres servicial?

SUMA

Apego
Sí (1) / No (0)

¿Tienes estrés?
¿Te cuestan los cambios?
¿Llevas mucho tiempo en el mismo rol?
¿Te aferras a las relaciones?
¿Sueles tener miedo?

SUMA

Pureza
Sí (1) / No (0)

¿Expresas lo que piensas?
¿Puedes ser tú en el trabajo?
¿Tienes buenos deseos hacia todos?
¿Te afecta la negatividad?
¿Reseteas rápido?

SUMA

Nunca es suficiente
Sí (1) / No (0)

¿Tiendes a querer "más"?
¿Estás insatisfecho?
¿Quieres ganar siempre, o casi siempre?
¿Eres codicioso?
¿Tienes envidia de alguien?

SUMA

Disfrute
Sí (1) / No (0)

¿Sonríes a menudo?
¿Disfrutas con lo que haces?
¿Saboreas los buenos momentos?
¿Piensas poco?
¿Agradeces a diario?

SUMA

Egoísmo
Sí (1) / No (0)

¿Tú primero luego los demás?
¿Tienes muchos deseos?
¿Tiendes a controlar?
¿Te aprovechas de las personas?
¿Te cuesta ser honesto contigo?

SUMA

Sabiduría
Sí (1) / No (0)

¿Haces lo que dices?
¿Sabes lo que cada momento necesita?
¿Sueles ser honesto?
¿Qué tal vas de integridad?
¿Tiendes a ver lo positivo en los demás?

SUMA

Ego
Sí (1) / No (0)

¿Tienes que tener razón?
¿Te cuesta escuchar?
¿Tiendes a interrumpir?
¿Buscas la aprobación de los demás?
¿Te han llamado arrogante alguna vez?

SUMA

Total Energías Ascendentes

Total Energías Descendentes

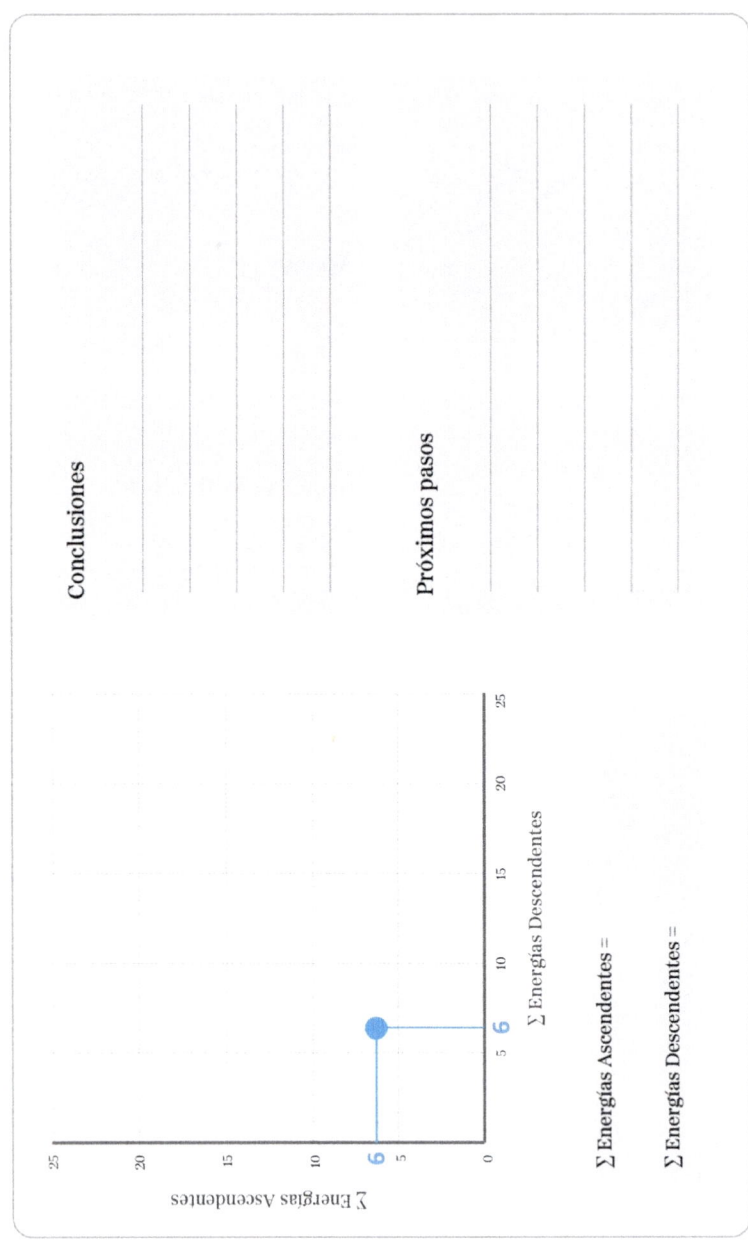

Versión desglosada [2]

Conclusiones

Próximos pasos

Σ Energías Descendentes

Σ Energías Ascendentes =

Σ Energías Descendentes =

Σ Energías Ascendentes

Este capítulo, como todo el libro, está pensado para ti. Con especial atención a que dispongas de recursos concretos con los que poder avanzar en tu camino. Y eso es lo importante, el camino de hacerte cada vez más persona, de forjar carácter para responder a tu naturaleza más interna, de hacer que las cosas pasen en el entorno de cada uno. Lo que hagas tú, lo que haga yo, lo que hagamos nosotros determinará el futuro. Frente al vaivén de los vientos del que no sabe a dónde va, parafraseando a Séneca, creo firmemente que este liderazgo humanista que vuelve a los básicos es parte de un horizonte muy prometedor. En nuestra mano está el recoger el guante. Reflexionar juntos es un primer paso. Gracias por formar parte de esta conversación.

Continuará...

Una obra de arte no se acaba, se abandona.

PAUL VALÉRY

Muchas veces me encuentro con que, superadas ciertas resistencias iniciales la gente con la que trabajo en el entorno profesional, hace balance y realmente quiere cambiar. Al mismo tiempo observo que ponen demasiada atención en si los demás secundarán su cambio o no: «¿Qué pasará si comienzo una reunión de manera diferente?», o «me va a mirar raro si digo que quiero contribuir», o similares. Por eso, vaya por delante que ingenuidades las justas, he querido rescatar esta historia.

Un maestro y un alumno están al borde de un río. Se cae un alacrán al agua. El maestro tiende su mano para salvar al alacrán. Este hace ademán de picarle y el maestro retira rápidamente su brazo. Pasa un rato.

Se vuelve a caer el alacrán al río. Misma dinámica, el maestro intenta sacarle y justo cuando le va a picar, se retira. Tercer intento.

Se vuelve a caer el alacrán al río. Esta vez el maestro toma una hoja de nenúfar, la tiende, el alacrán se monta encima y lo saca del río.

—Maestro, todavía no entiendo por qué te empeñaste en salvar al alacrán —interpela el alumno.

–La naturaleza del alacrán es picar y la mía es servir. No voy a cambiar mi naturaleza por que el alacrán tenga la suya. ¡Otra cosa es que tome mis precauciones! –sentenció el maestro.

Sin dejar de ser relevante lo que los demás hagan o dejen de hacer –conviene que conozcas el contexto en el que te mueves, la cultura o formas de hacer habituales, el calado moral de las personas con las que interactúas, etc.–, me encantaría que pongas atención a no renunciar a tu naturaleza, apostar por esas energías ascendentes, buscar tu hoja de nenúfar particular y actuar conforme a tu esencia.

Y esto aplícalo a tus distintas facetas. Por ejemplo, si tu rol es de consejero independiente, asegúrate de que de verdad defiendes los intereses de la sociedad frente a la mano que te da de comer. ¡Ahí está tu integridad! Si eres CEO, que tu quehacer –visión estratégica, liderazgo de equipos, relación con los clientes y capacidad ejecutiva, entre otros– esté coloreado por este liderazgo que vuelve a los básicos, y que influyas cada vez más en transformar para mejor la inercia yerma de sentido que gobierna muchas organizaciones. Si eres alto directivo, cumple la agenda de lo que se espera de ti para, con la autoridad del que consigue resultados, desafiar el *statu quo* restaurando ciertos básicos que quizá se hayan perdido, siempre buscando el beneficio de tu empresa. Si eres directivo, en cualquiera de sus nomenclaturas, navega con sabiduría entre las aguas de estar alineado con los de arriba y mantener a tus equipos con un punto de tensión creativa que maximice el rendimiento. Eso sí, hazlo con energías ascendentes. Si no tienes gente a tu cargo sé consciente de que el equipo son todas aquellas personas necesarias para acometer con éxito la responsabilidad de tu función –profesional o personal–. ¡Engrasa energías ascendentes, elévate!... y podríamos seguir y seguir y seguir. Pero, como me dicen mis hijos, probablemente lo has pillado. Cada día existen miles de oportunidades para impregnar esta energía ascendente.

No sé si recuerdas que en el segundo capítulo me comprometí a darte mi postura actual sobre lo que nos distingue como seres humanos. Probablemente lo intuyes. Creo que la IA y la base científica del cerebro en algún momento convergerán, pero nuestra esencia –lo que somos– es mucho más, llámalo «ser», parte intangible o alma. Es la distinción que hacía el otro día Nuria Oliver en el diario *La Vanguardia*, entre escribir un soneto y pensar, y yo añadiría sentir y vivir, como un poeta. El poeta está conformado por esas energías ascendentes de las que hemos venido hablando.

¿Sabes cuál es mi sueño? Crear un movimiento, ese al que me refería al principio del libro en el capítulo *Invitación*: el movimiento de las personas normales para personas normales. Sigo con mi lema: un mundo mejor es posible y lo hacemos entre todos. No me resigno, no quiero resignarme. Quiero que el mundo sea un lugar más amable, quiero otra empresa, otra política, otras conversaciones, otras noticias, otra mentalidad, otro sentir... Quiero que el día a día esté bañado de alegría, de naturalidad, de contribución, de vida. Quiero, siguiendo al maestro Benedetti, soñar con los ojos abiertos y mis miedos dormidos, con los ojos cerrados y mis sueños despiertos. Es ese despertar a las posibilidades individuales y colectivas el que me mueve. ¿Te apuntas?

Bonus: cómo aprovechar mejor este libro

A veces dejamos caer al suelo el oro
y las perlas como cosa baladí.

JAIME BALMES

¿Creías que había acabado? Je, je... Pues otra vez como en las pelis de Marvel, ¡todavía no! Tú que te conoces bien, que te acuestas y te levantas contigo mismo, que sabes qué desafíos tienes por delante −tu contexto de negocio, tu rol en la compañía, tu equipo, lo que te ilusiona, lo que te queda por aprender, etc.− eres el más autorizado para contestar a la siguiente pregunta:

¿Cómo puedo aprovechar más este libro?

Si te animas, sintetiza tu respuesta en unas palabras y escríbelas. Tu respuesta por ser tuya es buena. Hay una conversación interior que precede a la exterior. El cómo tú te relaciones con las ideas de este libro estará coloreado por tu actitud inconsciente hacia él. Cuando escribes tu propia respuesta, te das voz a ti mismo y desactivas tu modo automático. Esto te hace más sabio. Por otro lado, por si tienes curiosidad voy a compartir una contestación que recurrentemente suele aparecer a la pregunta de marras: «Voy a leerlo con una mente abierta». ¿Y qué es eso de una mente abierta? Cuando se habla de apertura, de gestión del cambio o de aprendizaje continuo pueden distinguirse, al menos, tres opciones:

- *Primera.* A veces uno aborda libros como este cerrado como una botella de agua con su tapa bien puesta. Cuando desde una jarra intentas introducir más líquido, el equivalente a nuevos conocimientos, no entra nada –te recuerdo que tu botella está cerrada–. Dices una cosa y, en realidad, por dentro piensas otra. Afirmas que estás abierto a mejorar, pero en realidad sientes que no tienes nada que aprender: «¡Con la de cosas que tengo que hacer, no sé qué hago leyendo estas cosas!». Las ideas resbalan por tu mente al igual que el agua por fuera de la botella. Aunque no lo parezca, estás cerrado herméticamente. Esta actitud suele impedir tu progreso, tu crecimiento. Te resistes, no cambias.

- *Segunda*: estás realmente abierto. ¡Abres el tapón de la botella! El agua que hay dentro representa tu histórico, tus experiencias previas, tus aprendizajes, las gafas con las que te relacionas con el mundo. ¡Tu botella está muy llena, has vivido mucho! Estás tan lleno que sin darte cuenta no dejas espacio para que ocurran cosas nuevas. Ni te das cuenta. Cuando intentas poner más agua desde la jarra, también rebosa. Aunque esté abierta no entra nada más. Como ya te he dicho varias veces, eres una persona de éxito, te va bien. Sabes de sobra lo que te funciona y lo que no. La inercia tira mucho. Una botella muy llena significa que sigues actuando como ya lo has hecho en el pasado. Con esta actitud, tampoco aprovecharás al máximo este libro, quizá te quedarás con alguna idea, pero poco cambio.

- *Tercera*: vacías tu botella. ¡No por completo! Dejas una parte, esas experiencias previas de tu vida son un activo tremendo. Esta vez, cuando sirves agua desde la jarra, el agua entra dentro, ¡oeoeoeoe! Hiciste hueco. Como intuyes, el arte está en combinar el tesoro de tu experiencia vital con dejar espacio, de verdad, para que ocurran cosas nuevas. En otras palabras, mantener tu humildad. La gente a la que admiro y respeto, es gente que sigue día a día vaciando su botella. En puestos de mucha responsabilidad, a los 70, 80 e incluso 90 años siguen vaciando su botella. No dejan de hacer lo que hay que hacer apoyándose en su experiencia y al mismo tiempo ven todo un horizonte de posibilidades diferentes, prueban cosas nuevas.

Esta tercera opción es la más idónea para que aproveches la lectura de este libro.

Recuerda que no es un manuscrito erudito, sino de corte experiencial. El objetivo ha sido mostrarte cómo puedes identificar oportunidades prácticas para hacer tu vida un poco más ascendente con el consecuente impacto positivo en ti y en los demás. Sin pretensiones, más allá de la rebeldía de escribir sobre la vuelta a lo esencial, uno mi voz a todos aquellos que creen que, en la aplicación de estos básicos, de este liderazgo básico, es donde se juega el partido.

Con la paz que da terminar algo, el amor con el que te lo entrego, la tranquilidad de que he puesto lo que realmente pienso y una sonrisa en los labios, te deseo que seas un poquito más sabio.

Y ahora sí que sí hasta otra.

Agradecimientos

El propósito es un regalo, ¡no dejes de agradecerlo!

CARLOS REY Y JOHN ALMANDOZ

A Anthoy Strano, por ser un instrumento tan afinado. Cuando leí en la introducción de *El Punto Alfa* «mientras leía, menos sabía», ¡me sentí tan identificada! Este libro está salpicado de la profundidad de las ideas que comparte Anthony. Gracias Marta Matarín por «presentármelo», tanto amor recibo de ti, de Enrique, de Guillermo y de todo Brama Kumaris que solo me sale agradecimiento.

A Juan María Nin por esa valentía con la que mira la vida, por su inmensa sabiduría, por su curiosidad genuina y su elegancia transgresora. Afortunada de que nuestros caminos se cruzaran. Gracias por tu generosidad al escribir el prólogo.

A todos y cada uno de mis clientes. ¿Mis? Mejor, a todas las personas que en su ejercicio profesional tanto me han inspirado y enseñado. ¡Y que espero que lo sigan haciendo! Gracias.

A María José Díez por ser esa artista que baña mis escritos de sensibilidad, de alma y de belleza. Por ser un ser humano excelso, lleno de bondad, inteligencia y coherencia. Gracias por estar en mi vida.

A Elisa por conocerme tan bien, por entregarte, por esa excelencia profesional al corregirme y por ser una amiga tan generosa. Eres extraordinaria.

A Pedro Galán por tu entrega, compromiso y generosidad. Gracias por muchas cosas, entre otras, que las fichas para aterrizar los conceptos suban a otro nivel.

A #unmundomejoresposible, ese grupo de «locos» que estamos formando, maravillosa locura que nos lleva, lejos de resignarnos, a juntar fuerzas y multiplicar en la búsqueda de ese mundo mejor.

Gracias Ana y Miguel por elevar el alma con la música. Sois de otra galaxia, doy gracias por que forméis parte de mi vida. Esa intensidad de Nectar Project llega, da alegría y transforma.

Gracias Irene por esa humildad, generosidad y buen hacer.

Gracias Natalia, no entiendo mi vida profesional ni personal sin ti. Mirándome a los ojos sabes lo que pienso, lo que siento y te entregas para darme ese apoyo incondicional del que hablo tantas veces. Te mereces lo mejor.

Gracias Maleni, la mejor fotógrafa del mundo mundial. Sensibilidad, arte en estado puro, poesía, excelencia... todo lo que tocas lo haces bello. ¡Qué alegría tener un trozo de ti! Ahhh, mucho que agradecer a tu hermano Javier que me hizo conceptualizar en el momento oportuno.

Gracias Luis, mi héroe #noanónimo. Director creativo, artistazo, socio, ser humano excepcional. ¡Me has enseñado tanto! Humildad, profesionalidad, escucha, excelencia, creatividad. Como Maleni te llama: «el capo». Me quedo sin palabras, ¡y es raro en mí! ¿Qué he hecho yo para tener tanta suerte?

Gracias a Mario, compañero en estas lides del *coaching*. Íntegro, excelente, dispuesto. ¡Qué maravillosa familia estás formando! Y qué ejemplo de dónde está lo importante.

Gracias a Susana, joven hasta el final. Tu apertura, mentalidad internacional, alegría y sobrada experiencia es también parte de mí.

A Mercedes, mi mentora. Incondicional, generosa, oportuna, inteligente. ¿Quién da más? Necesitas algo, ahí está Mercedes. Casi me considero una hija más, ¡y eso que tienes unos cuantos!

A amigos de toda la vida, Félix y Belén. ¡Qué honor que os leyerais el embrión de este libro! Lo habéis visto nacer, crecer y salir en el paritorio. Vuestra forma de ser es muy muy ascendente. Gracias por estar ahí.

A María Penzol por estar siempre ahí; eres la encarnación de la amistad. ¡Amén de ser una de las personas más inteligentes que conozco! Un privilegio tenerte cerca.

A Carla y Salvi, personas auténticas, inteligentes, aventureras y tan, tan buena gente. Muchas cosas que agradecer, entre otras Tata está en este libro gracias a vosotros.

A Paco Soler, Rodrigo, Enrique Hormigos y a todo el equipo de ISDI, siempre apoyando.

A Marta y Eduard, otra pareja de órdago. Siempre aupándonos, como dos alas. A Javier y Tote, otros dos regalos del universo. ¡Sois la caña! A Carmen, mujer inteligente donde las haya. Tu sabiduría me empapa cada vez que hablamos.

A Javi y Sergio, siempre ahí. Amándome.

A mi familia extendida: mis hermanos Jesús, un referente; Carmen, una luchadora, y Rafa, ejemplo de compromiso. A sus parejas y a mis sobrinos. Somos parte de un todo.

A mi madre; ¡me has enseñado tanto! Cómo me gusta decir, una madre 10. Te amo. Y a mi padre que desde el cielo estará orgulloso.

A Sheila, sin ella mi vida no sería posible. Para mí, una hermana más, que con esa mirada pura, sabia y auténtica me aúpa y arropa todos los días. Una compañera de vida.

A los muy míos, mis hijos: Jaira, Lúa, José y Enai. Mis maestros, no me cansaré de repetirlo. Amor infinito. Sois personas de provecho, como madre solo puedo sentir orgullo. Cada uno con vuestra personalidad, hacéis que este mundo sea un lugar más amable. Os amo, os amo, os amo. A José, mi amor, mi todo. De alma a alma, junto a ti por toda la eternidad. Este libro es especial, en él hemos vuelto a juntar nuestras trayectorias profesionales. Ese sello de calidad que te caracteriza lo tiene este manuscrito. Tienes un don, suerte infinita de caminar junto a ti. Vuelvo a decírtelo: te amo.

Referencias

Una buena forma de liberarse de ciertas clases de dogmatismos es tomar conciencia de las opiniones sostenidas en círculos sociales distintos a los propios.

BERTRAND RUSELL

Referencias bibliográficas

- ARISTÓTELES, Ética a Nicomáqua. Gredos, 1985.
- ARISTÓTELES, Política. Centro de Estudios Políticos y Constitucionales, 2005.
- BACH, R. Juan Salvador Gaviota. B de Bolsillo, 2018.
- BALMES, El criterio. Austral, 1987.
- BELASAUSTEGUI, I. Optimiza tu metabolismo. Grijalbo, 2024.
- BENEDETTI, M. Dale vida a tus sueños. Antología poética. Alfaguara, 2020.
- CASEY, P. The Greatest Company In The World? Penguin, 2014.
- CASTELLANOS, N. Neurociencia del cuerpo. K en orbita, 2022.
- CORDEIRO, J.L. La muerte de la muerte. Deusto, 2018.
- d'ORS, P. Biografía del silencio. Siruela, 2014.
- FROMM, E. El arte de amar. Paidos Studio, 1989.
- GARTON ASH, T. Europa. Taurus, 2024.

- HODGKINSON, N. I Know How Yo Live, I Know How To Die. Mantra Books, 2014.
- JANKI, D. 365 Days of Wisdom. Brama Kumaris Publications, 2011.
- JANKI, D. Compañera de Dios. Brama Kumaris Publications, 1996.
- LÓPEZ QUINTÁS, A. Descubrir la grandeza de vivir. Verbo Divino, 2003.
- MACHADO, A. Antología poética. Edaf, 1987.
- NIN, J.M. Reflexiones en el Atlántico. Edición privada, 2024.
- ORTEGA Y GASSET, J. La rebelión de las masas. Atalaya, 1993.
- REY, C. y ALMANDOZ, J. Sentido de propósito. Fundación DPMC, 2020.
- ROGERS, C. On becoming a person. Constable London, 2001.
- RUSSELL, B. Ensayos impopulares. Edhasa, 2003.
- SÁNCHEZ YAGO, M.J. Érase una vez una persona que quería Vivir mejor... Autografía, 2020.
- SÁNCHEZ YAGO, M.J. Érase una vez una persona que quería Cambiar sus hábitos... Oberon, 2023.
- SÉNECA, L. Tratados morales. Austral, 2005.
- SIMÓ, E. y G. 8 estrategias mindfulness para potenciar tu autoliderazgo. Autografía, 2017.
- SOLER, P. Cambia el chip. Profit, 2024.
- STRANO, A. El punto Alfa. Brama Kumaris Publications, 1999.
- STRANO, A. Pensamiento oriental. Brama Kumaris Publications, 2006.

- TOMÁS, L. Tu salud, tu mejor talento. Plataforma Actual, 2016.
- TOVAR, P. Liderazgo para líderes cotidianos. Letras de Autor, 2017.
- TREJO, J.L. y SANTFELIU, C. Cerebro y Ejercicio. CSIC, 2020.
- USHA, S. Self Managing Leaderhip, Brama Kumaris Publications, 1986.
- YING C., OKERERE, O. TIEMEIR, H., KUBZANSKY, L. y VANDERWEELE, T. Gratitude and Mortality Among Older US Female Nurses. JAMA Psychiatry. 2024.

Referencias online

- Andrea B. Maier, linkedin https://www.linkedin.com/feed/update/urn:li:activity:7239280846405324800/
- Amiguet, L. (2024, September 4). Nuria Oliver: «La IA escribe Sonetos, pero le falta mucho para Pensar Como un poeta». La Vanguardia. https://www.lavanguardia.com/lacontra/20240822/9882435/ia-escribe-sonetos-le-falta-pensar-poeta.html
- Brahma Kumaris Barcelona. (2020). Desactivar la ira. Conferencia de Amadeo Dieste. Brahma Kumaris. YouTube. https://www.youtube.com/watch?v=rlzUpLlkISg
- Eleva Tu Liderazgo y Carrera. Disruptive Leadership Academy. (2024, September 7). https://disruptiveleadership.academy/
- Freeze, D. (2024, August 20). 2024 Cybersecurity Almanac: 100 facts, figures, predictions and statistics. Cybercrime Magazine. https://cybersecurityventures.com/cybersecurity-almanac-2024/
- Iftikhar, S. (2024). Cyberterrorism as a global threat: A review on repercussions and countermeasures. PeerJ Computer Science, 10. https://doi.org/10.7717/peerj-cs.1772

- Khan, M., Al Saud, H., Sierra, F., Perez, V., Greene, W., Al Asiry, S., Pathai, S., & Torres, M. (2024). Global healthspan summit 2023: Closing the gap between healthspan and lifespan. Nature Aging, 4(4), 445-448. https://doi.org/10.1038/s43587-024-00593-4

- Leng, S. X., & Kcnncdy, B. K. (2019). International investment in Geroscience. Public Policy & Aging Report, 29(4), 134-138. https://doi.org/10.1093/ppar/prz024

- Scott. (2023). Home. Hevolution Foundation. https://hevolution.com/

- Sr Shivani. (2012). Soul Connection. YouTube. https://www.youtube.com/watch?v=VuCiTFnFJU4

- https://www.statista.com/statistics/871513/worldwide-data-created/

- What is geroscience?. American Federation for Aging Research. (n.d.). https://www.afar.org/what-is-geroscience

- Welcome to the Royal Society: Royal Society. The Royal Society. (2024). https://royalsociety.org/

- YouTube. (2024, July 9). «Ganar, ganar, ganar» Lamine Yamal | España - Francia | Eurocopa 2024. YouTube. https://www.youtube.com/watch?v=50Rg-td3UJU